Eres amado

El descubrimiento de la felicidad

Sara Spowart, PhD, LMFT, MPA, DMFT(c), RYT, CCHT

Descargo de responsabilidad:

Este libro está escrito únicamente con fines informativos. El autor ha hecho todo lo posible para garantizar que la información sea completa y precisa. Se han hecho todos los intentos para verificar la información al momento de esta publicación y el autor no asume ninguna responsabilidad por errores, omisiones u otras interpretaciones del tema.

El editor y el autor no tendrán responsabilidad ante ninguna persona o entidad con respecto a cualquier pérdida o daño causado o presuntamente causado directa o indirectamente por este libro.

AEGA Design Publishing Ltd
United Kingdom
info@aegadesign.co.uk
www.aegadesignco.uk

ISBN (Paperback): 978-1-7384380-1-3
ISBN (Ebook): 978-1-7384380-2-0

Dedicado a todos en todas partes.

Tú eres yo y Yo soy Tú, Te veo en Mí y me veo en Ti… ¿cómo puede haber separación ahí? Sólo el yo central está ahí.

—Gajraj Delbehera

Contenido

Prefacio

Descripción general de mi historia

Este libro trata sobre experiencias, descubrimientos y percepciones que me han llegado durante esta vida. Mi esperanza es que compartirlos pueda ser útil para otros y pueda apoyarlos en sus viajes y desafíos de la vida. El dolor y las luchas han sido mis mayores maestros, además del amor. El amor en todas sus variantes y el espectro en el que existe son fuerzas increíblemente poderosas. No hay nada como experimentar el amor en las amistades, las familias y las relaciones, así como el dolor de estas relaciones. Sin embargo, en lugar de luchar contra el dolor, puedes aceptarlo y enviarle amor. Algunas de las mejores cosas y las mayores transformaciones positivas sólo se producen gracias al dolor.

Las ideas contenidas en este libro también provienen de muchas enfermedades y múltiples experiencias cercanas a la muerte que he tenido, así como de muchas cosas terribles que he visto y experimentado. Los altibajos de la vida han sido bendiciones disfrazadas que llevaron mi perspectiva más allá de la forma habitual de ver el mundo y hacia una comprensión mayor y más expansiva de la realidad. Esta no es una perspectiva que comparto con nadie, excepto con las personas más cercanas a mi vida, a quienes siento comprender y que tienen ideas y entendimientos similares. Supongo que la razón principal de esto es que no me pareció apropiado o no tenía sentido discutir las cosas de las que hablo en el libro hasta ahora. Sin embargo, creo que esta perspectiva es continua, cada vez más profunda y en evolución, y podría ser de alguna ayuda para que otros mejoren sus vidas. Entonces, ahora es el momento de compartir.

Descripción general y objetivo de este libro

El objetivo de este libro es ayudarlo a comenzar o aumentar su comprensión de su verdadera naturaleza y su interconexión con todo y todos los que lo rodean. Mi esperanza es que después de leer este libro tenga una comprensión más profunda de cómo todos somos uno. Hay una energía universal que fluye y conforma absolutamente todo, y además se manifiesta en infinitas formas. Esa energía que está en usted también está en mí. Todos estamos conectados. Comprender esto genera un nivel más profundo de alegría, empatía, armonía, felicidad, paz y amor en nuestras vidas. Este cambio positivo fluye e impacta positivamente todo lo que hacemos.

Capítulo 1

Cambiando su perspectiva

"La diferencia de la iluminación es sólo un cambio de perspectiva".

Cambie su perspectiva: siendo agradecido

Estoy agradecida por todo, incluso por lo bueno y por lo malo, porque todo ha servido para algo. Cuando lo permitimos o podemos desapegarnos lo suficiente, todo puede servir para nuestro crecimiento y expansión. Cuanto más te expandes y creces, mejor te sientes y mejor puede ser la vida. El crecimiento puede ser doloroso, pero, a largo plazo, siempre nos sentimos mejor cuando crecemos, aprendemos y nos expandimos. La vida se vuelve más ligera, más amorosa, más amable y pacífica, y comienzas a verte a ti mismo en todos y en todo.

Algunos de los eventos más importantes de mi vida que me empujaron hacia la comprensión y el cambio fueron luchas familiares difíciles, adicción familiar, desafíos con los trastornos alimentarios, varias experiencias que tuve con acoso sexual, relaciones muy abusivas e incluso dos hombres tratando de secuestrarme en un momento cuando trabajé en África Oriental hace veinte años. Además, he tenido múltiples ataques de asma que amenazaron mi vida y casi muero, tuve reacciones alérgicas graves que amenazaron mi vida y tuve que ser hospitalizada porque no podía respirar. Además de esto, estuve muy enferma de fiebre tifoidea cuando trabajaba en Tanzania. Estuve a punto de morir por esto porque me diagnosticaron y trataron incorrectamente; la enfermedad duró de tres a cuatro semanas. Tuve malaria cuando trabajaba en Ghana. Tuve que recibir tratamiento por tuberculosis que probablemente contraje en Rusia y también sobreviví al dengue en Costa Rica. También he tenido COVID-19 en numerosas ocasiones y una de ellas definitivamente fue una experiencia que puso en peligro mi vida. Los muchos años de trabajo que he realizado como terapeuta de salud mental y trabajadora social en los Estados Unidos y en el extranjero con víctimas y sobrevivientes de violencia, pobreza, traumas horribles, trata de personas, tortura y violación también me han dejado una impresión sobre su-frimiento y los diferentes tipos de sufrimiento que experimentan los individuos. Cuando trabajé con sobrevivientes de violencia, fui perseguida y acosada por los traficantes y perpetradores de violencia que estaban lastimando a mis clientes.

El dolor que vi y experimenté colectivamente en estas situaciones me llevó a pensar que el mundo no se trata de hacernos felices o de seguir una fór-mula para el éxito. Está sucediendo algo mucho más profundo. Recientemente me acordé del programa de televisión The Good Place, en el que todos los personajes fallecieron y se encuentran en un paraíso falso. Me di cuenta de que gran parte del dolor de esa situación se debía a que no entendían claramente la naturaleza de su realidad. Cuando se dieron cuenta de que estaban en una especie de infierno (el cielo falso), de repente todos los desafíos que experimentaron fueron mucho más manejables y menos perturbadores. De manera similar, cuando podemos mirar a nuestro alrededor y comprender que el sufrimiento es una parte natural de la vida y es la realidad de este mundo, nos sorprende menos cada vez que surgen desafíos. Al igual que en el programa The Good Place, los personajes se dieron cuenta de que el sufrimiento era una parte normal de su realidad porque estaban en un cielo falso.

También aprendí esto cuando trabajé en consejería de crisis por vio-lación en el condado de Pinellas, Florida, y con sobrevivientes de violencia y trata durante muchos años. Muchas de las personas con las que trabajé luchaban mucho con lo que veíamos a diario y había una alta tasa de rotación. Algo de lo que me di cuenta en un momento fue que debía dejar de reaccionar ante cada incidente de abuso, violación y violencia que un cliente denunciara. Yo y otras personas con las que trabajé nos sentiríamos molestos por las cosas que oímos y vimos porque sentíamos que el mundo no debería ser así. Sentimos que cada abuso estaba mal y que se suponía que el mundo sería mejor; Sentimos que el abuso era anormal. Fue como encontrar algo todos los días, durante todo el día, que sentías que no debería estar sucediendo. Cuando me di cuenta de la trágica realidad de que existe cierta normalidad en la violencia y el abuso, y que son muy frecuentes en muchas formas en todas partes, todo cambió para mí. En lugar de sentirme molesta cada vez por diferentes situaciones que sentía que no deberían estar sucediendo, me di cuenta de que no, esta es la realidad del mundo en el que vivimos. Es un mundo lleno de muchos tipos de abuso, muchas veces por parte de las personas más cercanas a ti.

Según algunas tradiciones budistas, este es el reino o mundo de las 10.000 penas y las 10.000 alegrías. Esto significa que, como en el programa de televisión The Good Place, no importa lo que hagamos, siempre sucederá algo doloroso. Es solo parte de la realidad de este mundo. Podemos trabajar para disminuir el sufrimiento y el dolor, pero siempre habrá algún grado, por pequeño que sea, debido a la ilusión de la realidad de este mundo. Cuanto más aceptamos seguir una fórmula para el éxito o la felicidad, o seguimos las reglas de la sociedad y buscamos fuera de nosotros mismos medidas de bienestar y éxito, más desconectados nos volvemos de la verdad de quiénes somos.

La cantidad de sufrimiento, trauma y dolor que he experimentado a lo largo de esta vida ha sido colectivamente la cantidad perfecta para vivir o desencadenar los avances y las percepciones que han surgido a través de mí. En cierto modo, supongo que cada conocimiento parece tener algún tipo de coste. Nada es gratis. ☺ Cuando aprendí a replantear el dolor y el sufrimiento como mi amigo, que está aquí para enseñarme algo para poder convertirme en una mejor versión de mí misma y no sentirme como una víctima, todo cambió.

Sin embargo, invitar y acoger su crecimiento y expansión no es para personas débiles de corazón. Hay que ser un poco valiente. Solo en las últimas semanas, he estado meditando, orando y deseando crecer hasta un yo superior y del siguiente nivel. He estado cumpliendo mi deseo, pero como siempre, debemos tener cuidado con lo que deseamos. Solo en el último mes (mientras escribía esto), tuve otra experiencia cercana a la muerte en la que casi me asfixio por un ataque de asma y tuve que usar varios Epi-Pens. Fácilmente podría haber muerto... otra vez. También tuve un robo importante en mi casa cuando no estaba. Alguien drogado con cocaína derribó la puerta y me robaron 30.000 dólares de mis cosas, muchas de ellas reliquias familiares irremplazables. Además de eso, he tenido situaciones muy difíciles con clientes que involucraban niños siendo abusados. Tuve que tratar con abogados y sistemas judiciales para proteger a los niños contra los abusadores en un sistema que no cree ni escucha lo suficiente a los niños. Mi prometido también tuvo una experiencia cercana a la muerte durante este tiempo. Casi se ahoga haciendo surf. Alguien más que estaba surfeando cerca de él también casi se ahoga porque fue arrastrado por la corriente hacía unos acantilados y no pudo salir. Sí, estas son sólo las cosas del último mes. Nuevamente, tengo que recordar mi deseo de crecer y expandirme para convertirme en mi yo del siguiente nivel para poder servir al mundo en un nivel superior.

Debo decir que, a pesar de todos los desafíos, continúan funcionando como un mecanismo para lograr conocimientos más profundos, expansión y crecimiento. De alguna manera, y no me pregunten cómo, siento que estos acontecimientos recientes me liberaron de otras capas que ni siquiera sabía que tenía. Fue como una especie de limpieza y un abandono más profundo; Y cuanto más sucede, más aprendo a dejarlo ir. El control no es la respuesta. Por supuesto, puedes hacer lo mejor que puedas para protegerte del daño, pero esto tiene muchos límites. Hay muchas cosas que están fuera de nuestro control y, a veces, es mejor dejarse llevar, rendirse y confiar en la corriente. Cuando nos quitamos del camino a "nosotros mismos", nos volvemos libres para seguir este flujo y convertirnos en versiones superiores de nosotros mismos. Nuestra libertad proviene de superarnos a nosotros mismos, ser libres de nosotros mismos y conectarnos con lo que es cada vez más grande. No proviene de que todo vaya bien y de la manera que queremos. De hecho, muchas veces parece que todo va a salir como queremos no nos ayuda en absoluto a crecer. Nuestra mayor expansión puede provenir de obtener lo que no queremos, o algunas cosas aleatorias y secundarias que no podríamos haber predicho. El agradecimiento y la comprensión de nuestros desafíos pueden significar que estas cosas sucedan para nuestro crecimiento, desarrollo y expansión; de alguna manera, en última instancia, pueden convertirse en cosas positivas, esclarecedoras y poderosas.

Cambie su perspectiva: a través de un conocimiento más profundo

Hay un mayor conocimiento y comprensión de la realidad más allá de la comprensión humana normal. Es un conocimiento sublime, pacífico, contento e incluso gozoso, más allá de la razón y la lógica: un gozo inherente que puede existir en cada uno de nosotros. Al centrarnos en el bienestar de nuestros estados emocionales e internos, naturalmente cambiamos e impactamos nuestras realidades externas. Verlo, ver realmente la importancia absoluta de entender bien el interior, es diferente a simplemente escuchar que su estado interno está conectado con su estado externo. No están separados. De hecho, uno informa y ayuda a crear el otro.

Esto no significa abandonar tu viaje hacia el logro de ciertas metas en la realidad externa, o no ocuparte de los elementos esenciales de la vida como pagar la comida, la ropa, la vivienda, etc. Sin embargo, lo "externo" no necesita dictar el estado de lo interno. El estado interno es de primordial importancia y tiene un impacto directo en el externo. Tus circunstancias externas mejorarán cuando mejoren las internas. Además, irónicamente, puede parecer que no sucede tan rápido como le gustaría, pero cuando el estado interno se cura, las circunstancias externas tienden a parecer mejores, aunque no de inmediato. Otra forma de decir esto es que cuando sientes y experimentas un estado de plenitud internamente, todo en tu realidad exterior comienza a cambiar también. Una vez que comienzas a sentirte completo, tu vida solo mejora cada vez más.

Pregunta de reflexión

Tomando un momento ahora, tal vez puedas preguntarte:

¿Cómo me siento? ¿Qué noto?

Cambie su perspectiva: invirtiendo en su estado interno

Comprender este cambio puede requerir algo de fe y ser un desafío. Sin embargo, si empiezas a comprender que invertir en tu estado interno es una de las cosas más importantes para la realidad externa, será más fácil de hacer. Invertir en su estado interno puede adoptar muchas formas. Algunas de estas formas incluyen mejorar su dieta, ejercicio y rutina de sueño para mejorar su bienestar interno. A veces, esto puede significar invertir en una terapia regular para usted o hacer pequeños cambios en su vida para mejorar su forma de pensar.

Incluso si das pequeños pasos uno por uno, hacer los cambios que puedas hacer es importante para lograr mayores cambios generales en las circunstancias de tu vida. Al cuidar la realidad de nuestro momento presente, estamos invirtiendo no sólo en nuestro futuro sino también en nuestras circunstancias externas. Sí, es cierto que a veces la negación y la represión tienen algún valor. Si las situaciones se vuelven demasiado abrumadoras o difíciles, es posible que no estemos preparados para afrontarlas o lidiar con ellas. Sin embargo, al abordar todo lo que podamos en nuestro estado interior de ser, crearemos mucha más alegría, paz y felicidad en nuestras vidas. Esto se debe a que, en esencia, somos seres energéticos.

Si no sabes a qué me refiero, piensa en cómo te sientes cuando alguien realmente negativo e infeliz entra en una habitación pequeña.

¿Puedes sentirlo? ¿Usted nota?

La mayoría de nosotros lo hacemos.

Cambie su perspectiva: eliminando lo viejo

Somos seres físicos, pero a un nivel más amplio, en realidad somos seres energéticos. Todas nuestras experiencias y todo lo que encontramos son, en muchos sentidos, una manifestación de energía. Si descuidamos nuestro estado energético, ya sea intencionalmente o por ignorancia o falta de conciencia, nos lastimamos e inconscientemente traemos a nuestra vida cosas que no son saludables para nosotros. Cuanto mayor sea el nivel de capas y apegos que tengas, más deben desaparecer y explotar en tu vida para que puedas cambiar y ver con más claridad. El abandono de todo lo que es falso y la apertura para dejarlo ir es una de las cosas más liberadoras que te pueden suceder.

Una de las cosas que veo con los clientes, y creo que en general es más dolorosa, es el apego que tienen las personas a sus identidades y a lo que creen que los convierte en quienes son. Puede conservar su título de esposo, esposa, madre, padre, abuelo, jefe, director ejecutivo, artista, maestro, atleta o persona enferma. Realmente no importa. El apego a la identidad es apego y causará mucho dolor. La realidad es que cualquier cosa por la que tengas que luchar o reafirmar repetidamente para que sea verdad no lo es en realidad. Algo que es naturalmente cierto, simplemente lo es. No necesitas luchar por ello y no te sientes amenazado por algo que lo contrarreste. Te sientes seguro y cómodo en él. Simplemente es, no tienes que construirlo una y otra vez y no puedes perderlo.

Lo que hay debajo de la superficie de todas las capas es solo su energía, el observador, una conciencia que es más grande que solo su yo individual. Estás mucho más conectado con todo de lo que crees, pero es necesario despegar y limpiar los apegos y las capas para llegar allí y verlo con claridad. Esta esencia interna siempre estuvo ahí y siempre estará ahí, pero estabas distraído por las capas externas de la realidad y lo que en el exterior parecía ser real, verdadero e importante. La distracción por el drama de la vida le quita la percepción de la conciencia y el núcleo que la está observando (es decir, usted).

Práctica

¿Puedes sentarte unos minutos ahora con los ojos cerrados? Siéntate, tratando de colocar su conciencia para mirarte a ti mismo. ¿Quién está ahí? ¿Quién observa aquí y qué se observa?

Cambie su perspectiva: a través de una vida auténtica

Al convertirse plena y auténticamente en usted, su perspectiva cambiará rápidamente hacia una manera más positiva. También se volverá más consciente del flujo invisible y de la corriente de vida más rápidamente. Vivir auténticamente le ayuda a sentirse más lleno de alegría, paz, energía y satisfacción. Quiere estar presente en su vida y disfrutarla. Hay menos resistencia e infelicidad cuando somos plena y auténticamente nosotros mismos en la forma en que vivimos nuestras vidas y nos sentimos mucho más conectados. Para ello, muchas veces tenemos que aprender a salir de nuestro propio camino. Cuanto más individualizado y verdaderamente auténtico sea, más feliz será. Cuanto más se sienta reprimido, controlado y obligado a vivir una vida que le parezca antinatural, peor se sentirá. Buscará cosas para tapar y controlar el dolor. En cierto modo, no importa cuánto intente ocultar el dolor de no ser plena y verdaderamente quién es. Al final, ningún mecanismo de afrontamiento funcionará y es posible que descubra que la mejor solución es enfrentarse a sí mismo y afrontar las cosas que le hacen daño.

Algunos mecanismos para lidiar con el manejo del dolor y evitar el proceso de convertirnos en nosotros mismos incluyen cosas como vivir en piloto automático, ser examinado y estar algo disociado mentalmente. Un ejemplo clásico es conducir un coche y llegar a su destino sin prestar atención ni recordar cómo llegó allí. Otras formas de no vivir auténticamente pueden incluir cosas como 1) evitar en lugar de aceptar, 2) pensar en ideas en lugar de experimentarlas directamente, 3) juzgar o corregir en lugar de observar, 4) reaccionar en lugar de responder y 5) practicar hábitos poco saludables en lugar de un autocuidado adecuado.

Otras formas de evitar nuestro verdadero yo o vivir auténticamente pueden ser las historias que nos contamos a nosotros mismos o las identidades no auténticas que retratamos para afrontar y gestionar las emociones. Por ejemplo, alguien que es un abusador violento puede decirse a sí mismo que es la víctima y que cualquier daño que cause a los demás está justificado. El enfoque egocéntrico y los bajos niveles de empatía pueden hacernos vivir de manera reactiva, de acuerdo con lo que percibimos como agradable y no lo que nos resulta desagradable. A través de la atención plena, la autocompasión y la atención a cuándo nos sentimos más naturalmente nosotros mismos, podemos comenzar a crear vidas que se sientan más fluidas, más ligeras y felices.

La alternativa a esto es vivir en negación o ignorar cómo son realmente las cosas y continuar con patrones reactivos dolorosos indefinidamente. Dos de los mayores obstáculos que veo en los clientes son 1) su creencia de que lo que están experimentando es exclusivo de ellos y su culpa, y 2) la reactividad negativa continua y las respuestas emocionales a cómo son las cosas. Lo que no pueden ver son los patrones que veo en muchos clientes que pasan por cosas similares debido a la naturaleza de la realidad en la que vivimos. Las personas pueden sentir que sus experiencias de soledad, aislamiento o malas relaciones son exclusivas de ellos, pero estos son problemas prevalentes y patrones recurrentes que veo a menudo en las sesiones. En todos los ámbitos, somos absolutamente más similares que diferentes. A menudo, lo que experimentamos como exclusivo de nosotros o que parece ser culpa nuestra es en realidad algo que experimentan las masas y un problema colectivo. Al igual que los sobrevivientes de abuso, a menudo nos culpamos a nosotros mismos o a los demás por nuestro dolor e infelicidad en lugar de considerar la posibilidad de que así sean las cosas.

La no aceptación o la culpa provoca reacciones repetidas al dolor y no lo cura.

Mis experiencias personales con enfermedades extremas, así como mi trabajo con muchos clientes, han dejado impresiones importantes en mí y en mis sentimientos de propósito. Gracias a ellos, para bien o para mal, ya no puedo volver a ver las cosas de la misma manera. No puedo ver mi camino como dirigido por objetivos y estructuras particulares creados por la sociedad, la familia y la cultura. Si tienes suficientes experiencias y cuestionas la naturaleza de la realidad con suficiente frecuencia, te liberas de los ciclos y patrones y puedes dar un paso atrás con claridad y propósito desapegados.

Hay programas de organizaciones religiosas, escuelas, gobiernos, medios de comunicación, familias, culturas, sociedades y lugares de trabajo. Lo que sea, habrá algún tipo de idea sobre cómo hacerlo "correctamente". Estos programas también se centran menos en la experiencia interna y más en el comportamiento externo. Una buena pregunta que considerar podría ser: ¿qué programas existen actualmente en mi vida?

Preguntas de reflexión:

¿Qué programa has estado siguiendo?

¿Qué tiene que ver satisfacer las necesidades básicas con cómo te va por dentro?

¿Qué pasa si nuestra mayor expansión se debe en gran medida a un cambio de perspectiva?

Cambie su perspectiva: a través del compromiso

Una vez escuché una vieja historia del budismo que decía que, si quieres comprender claramente la naturaleza de la realidad, debes desearla tanto como respirar si te obligaran a sumergirte bajo el agua. Debes estar 1000% comprometido con esta comprensión y este viaje, y nunca detenerte ni asumir que lo has logrado. Debes darte cuenta de que a medida que cada capa se desarrolla y desaparece, no hay "tener" y, de hecho, no hay "eso". Éstas son construcciones mentales que cobran mayor sentido con cada desarrollo de la comprensión. Debes decidir estar abierto a lo que sea que tenga que suceder para aprender y cambiar a quien sea que necesites cambiar a ser, o más bien a ser impropio. Aprende a escuchar tu intuición y las pequeñas cosas que te traen alegría, siguiéndolas como un camino iluminado y entregándote a cada dirección que te lleven.

Sepa que hay capas y capas de su ser que desaparecerán y nunca asuma que ha llegado al final. Con cada caída, te acercas a lo ilimitado y a la infinidad que es infinita. A medida que aparecen y se revelan niveles de amor más profundo en todo lo que nos rodea, queda claro que el amor constituye la naturaleza de la realidad y la energía de todo lo que nos rodea y en nosotros. En esta energía de amor, todo está conectado y es parte de todo y de cualquier cosa.

La información contenida en este libro es importante porque en este momento parecemos estar en un período de rápidos cambios y crecimiento en el mundo. Las estructuras y creencias aparentemente sólidas que hemos tenido pueden no parecer tan sólidas como antes. Puede haber una sensación de incertidumbre mucho mayor ahora. El sentimiento de confiabilidad en la vida de que si haces ciertas cosas obtendrás un resultado confiable generalmente no coincide tan bien ahora. Podría decirse que la vida es caótica y complicada y no veo que esto cambie pronto. De hecho, las cosas continúan acelerándose, no desacelerando. Con esta realidad cada vez más compleja y cambiante, la antigua apariencia de estructura y estabilidad está desapareciendo. Necesitamos cada vez más ser adaptables, resilientes y capaces de manejar cambios y circunstancias de la vida impredecibles. Ser abierto, seguir aprendiendo y permanecer algo desapegado de los resultados y las circunstancias son habilidades de supervivencia fundamentales para prosperar en el mundo actual, a pesar de todas y cada una de las apariencias de inestabilidad y cambio.

Las viejas formas de estar protegido parecen estar cambiando y desapareciendo. Las soluciones del pasado (asegurarse de tener la educación "correcta", casarse en el momento "correcto" o con un cierto tipo de persona, o asegurarse de seguir un camino particular en la vida) brindan menos estabilidad y protección contra el sufrimiento que antes. Nuestras realidades están cambiando y adaptándose. No mantienen el mismo impulso y patrones que antes. Por lo tanto, es fundamental en el futuro aprender nuevas formas de prosperar en este mundo y adaptarnos a nuevas comprensiones de nosotros mismos y de nuestras experiencias vividas.

Básicamente, lo que estoy diciendo es que para prosperar en nuestro mundo ahora y en el futuro, se nos empuja a evolucionar y convertirnos en alguien que tal vez nunca hayamos sido.

Capítulo 2

Dolor

Dolor: Su relación con el dolor

Antes y al comienzo de mi doctorado. Hace casi diez años, pensé ingenuamente que todas las respuestas se podían encontrar a través del aprendizaje y lo académico. Esto no siempre fue así porque en otros momentos pensé que las respuestas se podían encontrar en los viajes, las relaciones, la familia, la religión, las dietas o alcanzar el peso perfecto. Pasé por mucha exploración pensando que una cosa tras otra contenía respuestas misteriosas que ni siquiera me di cuenta de que estaba buscando. El anhelo y la búsqueda incesantes de más comenzaron desde que tengo uso de razón y siempre fueron parte de lo que me impulsó.

Cuando reflexiono sobre ello aquí, supongo que comencé a buscar y buscar respuestas cuando tenía cinco años y comencé a mirar a mi alrededor y cuestionar mi realidad. Creo que estaba tratando de darle sentido al dolor que veía a mi alrededor en mi familia y en la sociedad. Suena un poco extremo hacer esto a los cinco o seis años, pero esa era yo. Empecé a buscar desde muy joven. Ni siquiera sabía lo que estaba buscando. Sin embargo, estaba decidido a aprender qué haría que mis padres, mis abuelos, mis hermanos, los niños que conocía y los niños que padecían hambre y pobreza en otros países a través del patrocinio de la Iglesia, fueran felices y en paz. Intenté encontrar respuestas a esto. Yo quería ayudar. Recuerdo que cuando tenía siete años, conseguí una libreta y un portapapeles y le hice preguntas a mi hermano mediano sobre sus sentimientos, tratando de ayudarlo a sentirse mejor. En ese momento no tenía absolutamente ninguna formación para ser terapeuta de mi hermano de cinco años. De alguna manera, sentí que explorar su dolor me llevaría a respuestas sobre cómo resolverlo. También llevé un collar que encontré que decía "Que todos los seres sean felices y libres". Así es como operaba mi mente y cómo veía el mundo. Sentí que no se suponía que existiera el sufrimiento y el dolor que vi, tanto el dolor emocional invisible como el sufrimiento externo.

Supongo que se podría decir que era sensible y que el dolor de otras personas me dolía y me preocupaba. Por alguna razón, me propuse o sentí que era mi misión encontrar la "respuesta" para que todos pudieran ser felices. Se podría decir que era una niña de cinco o siete años con codependencia de esteroides, pero en realidad era más que eso. Tenía una empatía extrema y podía sentir las cosas que otros no decían en voz alta ni verbalizaban. Podía sentir una realidad emocional o energética que la mayoría parecía ignorar o pasar por alto. Con el paso de los años, probé todo tipo de cosas. Escribí afirmaciones para mi mamá. Intenté sacarle notas perfectas a mi papá. Intenté consolar y ayudar a mis hermanos lo mejor que pude. Intenté tener el peso perfecto para mi abuela. Dejé a mi abuelo solo. Cuando era adolescente, dirigí una campaña de ayuno para recaudar más de 10.000 dólares para niños hambrientos en países empobrecidos.

Aprendí a navegar lo que parecía ayudarme a dar un alivio temporal al dolor que veía y sentía a mi alrededor en el mundo.

No fue culpa de nadie, es el dolor de ser humano y básicamente estar confundido. Sin embargo, mi razón para compartir esto es que esta búsqueda comenzó una vez que comencé a comprender el dolor que me rodeaba. Me complace informar que desde 2011 o 2012 he comenzado a tener importantes avances, conocimientos y éxito en la comprensión de qué diablos está pasando aquí literalmente. Estos conocimientos llegaron por sí solos a través de mucho dolor, meditación y desesperación. Siento que todo lo que ha pasado a través de mí ha sido un regalo. He sido bendecido y necesito transmitirlo lo mejor que pueda a la mayor cantidad de personas posible. Como solía decir un amigo nuestro de la familia: "Se supone que la vida no debe ser así. No se supone que sea así". Lo que quiso decir es que se supone que no debemos estar sufriendo ni tan confundidos como muchos de nosotros en general.

Parte del problema aquí es que el dolor es parte del camino. El sufrimiento y la lucha en realidad señalan el camino y pueden provocar las percepciones y la comprensión que tanto deseamos.

Lo que me di cuenta en este viaje en constante desarrollo y que aún continúa es que cuando surge el dolor, la mayor parte de la humanidad queda atrapada en él. Es como si el dolor y la confusión fueran tan grandes que se atascan en nosotros y quedamos atrapados. A menudo no aprendemos de nuestras familias o de la sociedad cómo gestionar cuando nos quedamos estancados. De hecho, aprendemos lo contrario: aprendemos que somos víctimas de las cosas que suceden. Otra forma de decirlo es que la vida nos está sucediendo y somos espectadores inocentes de cualquier cosa que suceda o pueda suceder. La realidad es que pueden suceder muchas cosas horribles en nuestras vidas. Esto es absolutamente cierto. Sin embargo, a veces tratar de entender el "por qué" detrás de estas cosas puede dejarnos estancados y atrapados en el bucle. Queremos salir del círculo del dolor y de los pensamientos dolorosos, no seguir entreteniéndonos en el círculo y profundizando cada vez más.

Ejercicio mental: universo holográfico

Me gustaría que cerraras los ojos e imaginaras por un momento que vivimos en un mundo o un universo holográficos. Esto no significa que no sea real; de hecho, esta es la realidad. Es tan real como parece. Sin embargo, debido a que es holográfico, es cambiante y siempre cambia. Las cosas llegan a nuestra realidad de forma aleatoria y a veces coinciden con nuestros planes e ideas sobre cómo deberían ser y cómo deben ser las cosas. En otras ocasiones, las cosas suceden por la izquierda y no se alinean en absoluto con nuestras ideas.

Ahora imagina que, en este universo y mundo holográfico, cada vez que sucede algo que te hace sentir bien o te gusta, lo aceptas como una realidad normal. Por el contrario, todo lo que es desagradable provoca dolor o genera preguntas, este universo holográfico quiere que lo entiendas mejor. El dolor tiene como objetivo sacarte del apego holográfico y preguntarte qué está pasando.

Saber quiere que lo entiendas mucho mejor, ¿qué crees que hará? (Olvidé mencionar en este escenario que el universo holográfico tiene su propia inteligencia). Si estás de acuerdo con todo y no preguntas mucho cuando las cosas van bien, pero detienes todo y te obsesionas cuando estás sufriendo, ¿qué escucha? Escucha: "Está bien, entonces, cuando hay dolor y sufrimiento, ¿cuestionan más las cosas y quieren entenderlo todo más? Mi mayor deseo es que conecten plenamente conmigo y entiendan todo lo que está pasando. Sin embargo, tendrán que seguir sufriendo hasta que logremos algunos avances y abandonen sus viejas formas de pensar". Esta es una forma básica de explicar la situación, pero también es un ejemplo útil para entender qué diablos está pasando aquí, literalmente.

Como dijo una vez otro maestro espiritual que amo: "¿Alguna vez has notado que nada de esto realmente tiene sentido?" Parece que tiene sentido, pero cuanto más experimentas y más ves, no tiene ningún sentido. En muchos sentidos, la vida es aleatoria, caótica e incontrolable. Tiene una mente propia. Por lo tanto, estamos llamados a profundizar más. Estamos llamados a profundizar en nosotros mismos y a abrirnos a la comprensión. Estamos llamados a levantar la vista de la rutina diaria de la percepción de nuestras vidas y abrirnos a cualquier fuerza mayor que esté tratando de mostrarnos.

Tenemos mucho que aprender y ver.

¿Estará abierto a escuchar y lo suficientemente humilde para aprender?

Si no, debo advertirle, estos poderes universales que buscan evolucionar y mejorarle continuarán sufriendo hasta que te vuelvas lo suficientemente abierto y humilde para aprender y escuchar. Algunas personas sólo necesitan el susurro de una sugerencia para cuestionar las cosas y realizar cambios. Otras personas necesitan ser golpeadas con un bate de béisbol metafórico. Esta fuerza que quiere que crezcamos, evolucionemos, salgamos de nuestro propio camino y nos liberemos de ciclos nocivos para la salud, es más fuerte que cualquiera de nosotros y tiene su propia agenda inteligente.

¿Por qué no evitar un montón de dolor y sufrimiento y decidir en este momento, ahora mismo, ser humilde y abierto, escuchar, aprender, estar conectado y probar nuevas formas de pensar si es necesario? La decisión es suya. Puedes ser terco, resistir y aferrarte a su forma normal o antigua de ver el mundo. Sin embargo, esta fuerza o poder mayor es mayor que tú y, en última instancia, siempre ganará. Es una fuerza asombrosa y pondrá su vida patas arriba repetidamente para hacerte romper como una nuez si eso es lo que hace falta. Es una energía increíble y se mantiene constante sin importar lo que intentes hacer para dictar los términos de su vida. Si hay cosas más importantes que aprender, eso no dejará de sacudir su vida hasta que las aprenda y las acepte.

Para reflexionar, ¿cuáles son algunos de los ciclos en los que está atrapado actualmente?

¿Cómo se interpones en su propio camino o continúa viviendo de forma no auténtica?

Dolor: separarse del dolor

No entraré en detalles de mis experiencias de vida principalmente porque he aprendido que los detalles de la historia no son, de hecho, críticos para comprender los conceptos y las ideas. También descubrí que cuanto más dejas de lado la historia (y en realidad cualquier historia) y agradeces las ideas que tienes, más ideas y comprensión obtienes. Cuanto más frustrado y obsesivo esté acerca de por qué las cosas no van como desea, más profundamente quedará atrapado en el círculo vicioso. Alguien puede estar viviendo en una casa multimillonaria o en la pobreza y ambos estar sufriendo. El sufrimiento es sufrimiento. No importa dónde vivas, qué tan educado seas o cuáles sean tus antecedentes o ingresos: siempre hay dolor y sufrimiento debido a la naturaleza de la realidad. Ser humano es experimentar dolor en diferentes momentos. Este dolor puede ser extremo o leve, pero el dolor es dolor. Por supuesto, existen variaciones en el dolor. El dolor adopta diferentes formas y necesitamos compasión por nosotros mismos y por los demás para abordarlo. Sin embargo, hay una manera de entender el dolor. Los niveles más profundos de realización crean menos dolor. Esencialmente, la razón más profunda de nuestro dolor es que no entendemos claramente la naturaleza de la realidad.

Muy a menudo podemos sentir que la vida es injusta y que todo nos está pasando a nosotros, que somos víctimas de nuestras circunstancias y de nuestra vida. Sentirnos víctimas puede significar que sentimos que nos están sucediendo muchas cosas estresantes o terribles. Este es un nivel de realidad y comprensión, y hablaré de esto más adelante en el libro. Me refiero a esto como la etapa de víctima, o podría decirse la perspectiva de víctima. Sin embargo, existen muchas capas para comprender la realidad y cada una es mejor que la anterior. Es como un caleidoscopio al que giras para ver algo nuevo. Hay múltiples lentes y múltiples puntos de vista desde los cuales ver el mundo. Otro ejemplo útil podría ser si alguna vez

27

ha tenido anteojos recetados a los que podría agregar lentes de diferentes colores. Puede tener lentes amarillos, rojos, antideslumbrantes, lentes para gafas de sol, etc. Estas lentes se adhieren a la montura original mediante magnetización. Cuando miras por cada lente, el mundo se ve diferente y ves diferentes perspectivas.

Aunque el caleidoscopio y las lentes de diferentes colores son ejemplos algo simplistas, el mismo concepto es cierto en niveles más profundos de realización. Realización significa comprender la realidad, su significado y el proceso en desarrollo de ver la realidad con mayor claridad. Una realización más profunda puede estar a sólo un cambio de perspectiva de donde se encuentra ahora.

Pregunta de reflexión: ¿Cómo puede cambiar su perspectiva?

Nuestras historias o orígenes individuales (tanto conocidos como desconocidos) contribuyen a nuestros bucles o "programas" mentales. Este trasfondo colectivo de experiencias de vida puede sesgar o sesgar tu perspectiva del mundo, o la lente a través de la cual ves la vida. Por tanto, el primer paso es cuestionar e investigar tu perspectiva inicial del mundo. A veces nuestra idea de cómo funciona la realidad no es del todo correcta. Por ejemplo, alguien puede pensar que "todas las personas buscan lo suyo" o "no se puede confiar en nadie". Estas declaraciones absolutas de todo o nada pueden ayudar a identificar señales de alerta de perspectivas o lentes sesgados sobre el mundo. Puede resultar difícil ver sus puntos ciegos o áreas en las que está sesgado y percibe mal la realidad. Sin embargo, estas declaraciones absolutas de todo o nada son buenos puntos de partida. Pueden ayudarte a investigar las creencias negativas que tienes.

Desafortunadamente, y por alguna razón, muchas de nuestras ideas sesgadas son probablemente más negativas que positivas. Por lo tanto, mirar lo negativo es otro buen punto de partida para abordarlo.

Otra forma de considerar esto es pensar en nuestra perspectiva del mundo como la ventana o el parabrisas de un automóvil sucio. Si no limpia el parabrisas o la ventana, la suciedad y otras cosas se acumulan y cambian la vista cuando mira por la ventana. No puedes ver tan claramente. Ahora imagine que su vida es así. Su visión o lente no es tan clara como podría pensar. Puede parecer que eres completamente razonable y lógico, pero tal vez haya un pequeño sesgo del que ni siquiera eres plenamente consciente. Cuestionar nuestras percepciones es el primer paso. Esto no quiere decir que su perspectiva sea incorrecta, pero cuestionar le ayuda a desapegarse un poco de ella para poder ver con mayor claridad.

Tener bondad hacia uno mismo, autocompasión y gentileza hacia uno mismo puede ayudar a fomentar una percepción y una comprensión más claras y, al mismo tiempo, mantenerse algo desapegado. Sin embargo, todo lo discutido en este libro está siendo señalado. La esencia de Realizar el Amor es tener la perspectiva más clara posible, ir más allá de aferrarse a cualquier cosa o situación, y más allá del apego y apego implacables. Rumi supuestamente dijo: "Más allá de las ideas sobre lo malo y lo correcto, hay un campo. Nos vemos allí." Esto no significa necesariamente que no exista el bien o el mal y que no debas tener o piñones de las cosas. Más bien, apunta al concepto de que la forma en que etiquetamos nuestra realidad, los juicios y las descripciones solidificadas que damos a casi cualquier cosa se interponen en el camino de nuestra felicidad y manchan o tiñen nuestras perspectivas.

Aparte de esto, cuando estamos muy apegados a ciertas perspectivas, es probable que creemos una sensación de separación y juicio entre nosotros y todo lo que está fuera de nosotros. Cuando repartimos y juzgamos todo lo que nos rodea, también creamos una separación entre nosotros y nuestra realidad. Creamos la ilusión adicional de separación entre nosotros y los demás. Puede parecer extraño, pero eso en sí mismo es un tipo de violencia. La violencia no siempre es abierta y física; puede ocurrir primero en la mente a través del juicio, la separación y las divisiones que creamos entre nosotros y los demás, e incluso las divisiones que creamos dentro de nosotros mismos.

Llegar a un lugar de plenitud o plenitud interna y detener la separación y la división crea paz y alegría dentro de nosotros mismos. Nuevamente, las palabras para describir esto son sólo palabras que apuntan a una experiencia y un concepto vividos. La experiencia vivida de plenitud es de gran ayuda.

Capítulo 3

La belleza de una vida humana

La belleza de una vida humana: la singularidad

Vivir una vida humana puede ser muy significativo y precioso. Esto se debe a que siempre tenemos una mezcla de emociones positivas y negativas, placer y dolor. Esta combinación de placer y dolor puede empujarnos y desafiarnos a buscar y abrir nuestra mente a mayores conocimientos. La ironía es que, si tenemos demasiado placer y la vida es demasiado fácil y positiva, no hay absolutamente ningún incentivo para aprender, crecer y esforzarnos. En cierto modo, puedes volverte insensible y complaciente debido a la facilidad de todo. Por otro lado, si todo es demasiado difícil, hay demasiados desafíos y demasiado dolor, y se sientes atrapado en tu vida, tampoco eres capaz de avanzar y crecer, aprender e investigar como lo harías de otra manera. Por lo tanto, es de esperar que esta mezcla de positivo y negativo sea un contraste suficiente para impulsarte a crecer y aprender y tal vez desear convertirte en una versión más evolucionada de sí mismo. Cuanto más "evolucionado" estés, menos sufrirás y más feliz se sentirá. Dicho esto, algunas personas parecen necesitar más dolor y dificultad que otras para ser impulsadas a crecer. Uno de los mayores regalos que puedes darse a si mismo es aprender del dolor, los errores y las lecciones de otras personas para no tener que repetirlos usted mismo. Si puede aprender observando a los que le rodean y no copiar innecesariamente lecciones dañinas, es como acelerar su evolución.

La belleza de una vida humana: el dolor humano

Todos experimentaremos cierta cantidad de sufrimiento y estrés en nuestras vidas. Parece inevitable. En realidad, sólo el funcionamiento diario del ser humano requiere cierto nivel de estrés mental, emocional y físico, incluso cuando tenemos todas nuestras necesidades satisfechas y en general somos felices. El estrés y el dolor causado por el estrés también son en parte autoinfligidos. En el caso de algunas personas, se podría decir que es en gran medida autoinfligido. Por ejemplo, para una persona, hacer un pedido incorrecto en un producto para el desayuno en una cafetería es literalmente suficiente para que sienta que toda su mañana o su día están arruinados. Sin embargo, para otra persona, incluso los acontecimientos que cambian radicalmente la vida, como perder el trabajo o el matrimonio, pueden no alterarla tanto. La persona puede incluso sentirse aliviada o tener menos estrés. Por lo tanto, el dolor respectivo creado debido a algo que ocurre en la vida de uno no se debe necesariamente a la cosa en sí. El sufrimiento suele estar relacionado con la propia percepción y su visión del mundo.

Otra perspectiva sobre esto podría ser imaginar que vivimos en un universo que es inteligente por diseño. Nos ama tanto que realmente quiere que veamos la realidad más profundamente y salgamos de los ciclos repetitivos y dañinos en los que podemos estar atrapados. Específicamente, esta fuerza mayor quiere liberarnos de los bucles mentales, emocionales o físicos que podamos tener. no poder salir de él. A veces, para hacer eso, es necesario sentirnos extremadamente incómodos en esos ciclos y situaciones hasta que sentimos que no podemos soportarlos más y debemos hacer un cambio. Esto también puede ser lo que significa tocar fondo cuando decidimos que ya no podemos seguir viviendo de cierta manera. Si hay un punto o una meta, se podría decir que el objetivo del dolor es sacarnos de nuestro propio camino y de los ciclos en los que estamos atrapados. Al hacer esto, tal vez podamos llegar a un espacio más allá de los puntos y el final. objetivos. Este es un espacio de amor ilimitado e infinito que no tiene límites ni condiciones. El ego ya no es una barrera y estamos literalmente en un estado de alegría.

"Cierra los ojos, enamórate, quédate ahí" -Rumi

La cita anterior de Rumi apunta a este estado de alegría. A lo mejor no se trate realmente de enamorarse en el sentido romántico. Lo más importante es "cerrar los ojos", es decir, *quitarse del camino a sí mismo, a sus etiquetas, juicios, apegos y a las cosas a las que se aferra por la realidad.* Detén el apego al mundo que ves y experimentarás un campo infinito e ilimitado de amor que es puro potencial positivo más allá de nuestros conceptos mentales. "Permanecer allí" significa existir en ese espacio donde tu apego a las etiquetas, las construcciones mentales y las cosas desaparece y tú existes como amor, existiendo como amplitud y ser. Éstas son instrucciones sorprendentemente sencillas, directas y claras sobre "ser alegría", "ser uno mismo" y ser conciencia pura. Ser humano es una experiencia única y preciosa en contraste con cualquier otra criatura en la Tierra. Tenemos la capacidad de autorreflexionar, crear cambios y comprender nuestra conciencia y realidad de maneras que otros seres en este planeta simplemente no pueden.

Las cosas que damos por sentado y que son más normales para nosotros son a menudo los problemas que nos mantienen atrapados en ciclos. Por eso el dolor puede ser tan valioso; sacude las cosas, mucho. Tiene el potencial de hacernos detenernos y cuestionar nuestras vidas y nuestras perspectivas y de cuestionar e investigar la normalidad y la realidad. ¿Qué haces cuando tocas fondo? Empieza a detenerse, desapegarse y cuestionar las cosas. Reflexione sobre sí mismo y su vida. De lo contrario, ¿por qué lo haría? La meditación es otra manera increíble y excelente de comenzar a trascender estas limitaciones e investigar y cuestionar lo que es normal. Sin embargo, las personas no suelen comenzar a meditar a menos que se sientan incómodas y traten de aprender a manejar situaciones difíciles o estén en crisis. A menos que sea una norma cultural o que una persona se vea obligada de alguna manera a meditar, alguien generalmente comienza a cambiar porque está sufriendo y luchando con algo. Miramos hacia adentro cuando el exterior se vuelve demasiado doloroso y/o simplemente ya no podemos encontrarle sentido y esperamos encontrar una nueva forma de obtener algunas respuestas.

Los seres humanos somos afortunados en cierto modo porque, aunque a menudo nos hacemos sentir o actuar de manera loca debido a lo que sucede en nuestras mentes, también tenemos la capacidad de comprender por qué y cómo suceden nuestras experiencias. A diferencia de otras criaturas, podemos cuestionar todo y cualquier cosa. Podemos buscar un significado y una comprensión superiores para ir más allá del estado mental actual. Si sólo hubiera felicidad, contentamiento y placer constantes, habría muy poca reflexión profunda. Viviríamos en un estado de dicha celestial, mayoritariamente relajada. Aunque eso es maravilloso, no permite mucha introspección o desapego y nos permite buscar lo que está más allá de la apariencia y la comprensión superficial de las cosas.

Cuando todo es maravilloso, podemos volvernos complacientes, desconsiderados y casi demasiado relajados. ¿Alguna vez has notado que sólo cuando algo es realmente doloroso o hay mucho sufrimiento buscas ayuda? Si, por ejemplo, tiene muchas relaciones que terminan, es posible que sólo entonces empiece a preguntarse qué significan las relaciones para usted, qué sucede en ellas y qué piensa y siente con respecto a las relaciones. Casi siempre es el dolor, no el placer, lo que lleva al cuestionamiento y a una introspección más profunda. Esto es lamentable, pero parece ser la naturaleza de la realidad en este momento. Dentro del sufrimiento, hay enormes cantidades de percepción, comprensión, cuestionamiento y avances más allá de nosotros mismos que pueden tener lugar. Esto no es posible para otros animales como, por ejemplo, perros, gatos o vacas. Son seres sintientes y deben ser tratados con bondad y amor como criaturas importantes. Sin embargo, no tienen la capacidad de reflexionar sobre sí mismos y cuestionar la realidad como lo hacemos los humanos.

Las cosas que suceden en nuestras vidas y realidades cotidianas son oportunidades para notar y observar la realidad. Son oportunidades que ninguna otra criatura (que yo sepa en este momento) tiene. Vivimos en un mundo que es una mezcla de dolor y alegría. Es una mezcla interminable de los dos. Cuando piensas que todo está genial y seguirá siendo así, todo se desmorona. En cambio, cuando piensas que la vida nunca cambiará y todo es horrible, vuelve a cambiar. Puedes experimentar esta mezcla de alegría y dolor en un día, una hora o cinco minutos. Rechazamos o resistimos el dolor porque no nos gusta. Nos aferramos a lo que nos hace sentir bien o incluso nos aferramos a ello, y nos sentimos neutrales ante las cosas que no parecen brindarnos placer o dolor. Muchos de nosotros vivimos nuestras vidas de esta manera. Tendemos a seguir todo lo que creemos que nos traerá la mayor cantidad de placer y el menor dolor, y no notamos las cosas "neutrales". Esto puede llevarnos a vivir con miedo a cosas que podrían hacernos daño, a aferrarnos a cosas que nos brindan placer o a temer perder lo que pensábamos que nos hacía felices. También puede significar que perdemos gran parte de la vida que se encuentra en las cosas percibidas como "neutrales" al ignorarlas y no darles valor. Al ignorar gran parte de lo que es neutral, ignoramos la mayor parte de la realidad y probablemente nos obsesionamos con lo que parece brindarnos la mayor alegría o dolor. Es como concentrarse en ciertas cosas e ignorar otras. Significa poner una lente sobre la realidad para que no la veas con claridad y probablemente se pierdas mucho más de lo que cree.

La belleza de la vida humana: ser un observador

Hay maneras de superar el estar atrapado en un círculo aparentemente interminable de gravitar hacia el placer y resistir o luchar contra el dolor. Una de las soluciones es convertirse más en un observador de su vida. Esto no significa que seas frío e indiferente. Más bien, significa que está aprendiendo a darse cuenta. En lugar de que el mecanismo operativo normal reaccione o incluso responda, se vuelve simplemente notar. Darse cuenta en sí mismo es muy poderoso y puede reducir la intensidad y frecuencia de las emociones. Al darnos cuenta, nos volvemos más conscientes y desapegados. En lugar de reaccionar ante cualquier cosa que esté sucediendo o que parezca estar sucediendo a tu alrededor, simplemente obsérvalo. Un principio importante de la atención plena y de la vida consciente es la práctica de notar. Tomas nota de todo lo que experimentas dentro de ti emocional, mental y físicamente, y de lo que sucede u ocurre fuera de tu mundo.

Con la atención plena llega la comprensión de que cuando estás en algo o lo vives, es difícil verlo en su totalidad. Si estás demasiado cerca de algo, es difícil verlo porque te falta contraste y objetividad. Sin embargo, cuando te separas y puedes ser más bien un tercero que lo ve objetivamente, es mucho más fácil ver y obtener información que si estuvieras en él. Otra forma de utilizar esto es la metáfora de intentar explicarle el agua a un pez. El pez ha vivido en el agua toda su vida; nació en el agua y probablemente morirá en el agua. Por tanto, le resulta prácticamente imposible entender la vida fuera del agua. Si el pez tuviera la capacidad cognitiva y la habilidad de vivir unos momentos fuera del agua y ver las experiencias contrastantes de la realidad, entonces los conocimientos sobre su realidad vivida y lo que son el agua y el aire serían enormes. Por supuesto, un pez no puede sobrevivir fuera del agua ni reflexionar sobre la diferencia entre vivir en el agua o en el aire. Esto es simplemente una analogía para desapegarte de lo que siempre has conocido y experimentado para tener una visión mejor y más amplia de lo que realmente está sucediendo.

De manera similar, descubrí que al tomar una vista más amplia siempre que sea posible, puedo discernir muchas más ideas y comprensión sobre la realidad que cuando estoy en el centro del drama. Cuando estás en medio de un drama, es fácil dejarse atrapar por cualquier incidente, dolor, excitación, emoción fuerte, frustración o dificultad más reciente.

La belleza de una vida humana: niveles de realización

En este libro, todo proviene de experiencias vividas directamente y de las percepciones y comprensiones que se desarrollaron como resultado. Nada de lo que escribo aquí proviene directamente del estudio. Sin embargo, estudiar ha sido parte de mi viaje. Las experiencias con el estudio han impactado mi capacidad para tener estos conocimientos y probablemente algunas de las palabras sobre cómo expreso los conceptos.

Todavía me siento asombrado cuando hay una nueva idea y tengo que recordarme a mí mismo que este es un proceso en constante desarrollo que sigue mejorando. La naturaleza de la realidad es lo último, y lo último es ilimitado. No hay manera de "llegar allí". La realidad es más bien darse cuenta de que no se llega "allí" y que el destino no es el final. El destino es una expansión ilimitada e infinita. Es un despliegue cada vez mayor de cambios de energía más elevados y niveles más profundos de comprensión. Me gustaría llegar al "final" aquí por el bien de todos los que lean esto. El "fin", si quieres llamarlo así, es la experiencia de una conexión total y unicidad y unidad con todo lo que existe en un espacio de infinita ilimitación. Es ver más allá de la apariencia exterior de la realidad hacia un nivel más profundo de conexión y unidad energética. Es como poder ver la luz o la energía en todo, en todas partes a tu alrededor.

Hay un campo de energía que lo impregna y lo conforma absolutamente todo. Cuando puedes ver que eres parte de esto y que todo es esta luz o energía en forma manifestada, hay una unidad e interconexión que todo lo abarca. Finalmente te quitas del camino y ves que eres el otro, eres el árbol, la hierba, el cielo, la otra persona, todo. La misma energía que está en todo lo demás está en ti y en el otro. No existe una separación real, sólo la visión o perspectiva de la separación. La separación es una ilusión de nuestra proyección y de lo que podemos ver con nuestros ojos y sentidos físicos.

Esta energía o luz omnipresente puede parecer o sentir cosas diferentes para diferentes personas. Podría parecer una sensación de paz, una sensación de amor, alegría, compasión, satisfacción o comprensión, o una sensación de alivio de que todo finalmente tiene sentido. Pase lo que pase, no sientas que necesitas aferrarte a ello. Es como aferrarse al aire; no puedes hacerlo. A través de un desapego relajado, permitiendo y dejando ir, puedes comenzar a ver estas capas más profundas. No es obsesionándose, aferrándose o forzándose a conectarte con las capas más profundas. Más bien, es abriéndonos y soltándonos en este estado del ser, una especie de estado del ser sin nombre que en realidad no puede explicarse suficientemente con palabras o conceptos. Es una experiencia vivida de amplitud, unidad, conexión y amor. Es como ver una mariposa flotar de flor en flor, simplemente la dejas ser; es mejor no intentar atraparlo. Su belleza proviene del color, la gracia y el flujo aparentemente naturales de su ser. Con el tiempo, con el tiempo, esta perspectiva se integra más en su realidad. No sólo experimentas la proyección exterior del mundo como todos los demás, sino que también vives en esta increíble comprensión de que todo es energía, hecha de la energía del amor, ilimitada y un solo campo en forma manifestada.

La belleza de una vida humana: la lucha por el cambio de perspectiva

En última instancia, e incluso a mediano plazo, la vida es mucho mejor cuando notamos nuestros ciclos y trabajamos para desintegrarlos, soltando el apego a uno mismo y a la historia de uno mismo. Las vidas de todos los que nos rodean también son mucho mejores. Sin embargo, eso no significa que sea un proceso naturalmente fluido en todo momento. Algunos errores comunes en este proceso son tener intuiciones y cambios importantes, ya sea momentáneamente o durante un período de tiempo, apegarse a ellos y pensar que eres especial o de alguna manera superior porque eres capaz de ver la realidad con más claridad que otros. Puede parecer extraño y casi contradictorio que alguien piense que es de alguna manera superior después de tener ideas de que todo es uno manifestado en innumerables formas, el concepto del yo limitado desaparece y reconoce que todo es amor... pero sucede.

Cambiar nuestras perspectivas para ver todo como uno ocurre durante un período de tiempo para que pueda integrarse más fácilmente. Cuanto más te adaptas a la perspectiva, más natural se siente. En algún momento, la nueva perspectiva no es gran cosa y se convierte en la nueva normalidad. Verse a sí mismo en todos y en todo y ver la realidad tanto como la realidad proyectada como la manifestación física de una energía se convierte en una segunda naturaleza.

Sin embargo, una de las trampas en este proceso es interponerse en su "propio camino". Para mí, personalmente, el concepto de ego no siempre ha tenido mucho sentido. El término se difunde tanto que pierde su significado singular. He encontrado que la palabra ego es en gran medida inútil. Es una de esas palabras que la gente actúa como si la entendiera, pero en realidad no es así. El ego es un apego a la historia de quién eres y cómo percibes el mundo a través de tu propia perspectiva limitada.

Centrarse en algo mucho más grande que nosotros mismos ayuda a mantener el "yo" limitado fuera del camino. Otra forma de resumir esto es que necesitas quitar del camino al "yo" más pequeño para poder conectarte con un "yo" más grande. Este yo más grande es la unidad de la energía con todo lo que es. Algunos lo llaman "Dios", otros lo llaman Fuente y otros lo llaman campo de energía. Para mí, siento que la palabra Dios, como algunas de las otras palabras aquí, está un poco cargada y puede ser confusa y causar problemas. He descubierto que tomar la perspectiva de que todo es un campo infinito de energía incondicionalmente amorosa ha sido lo más útil para mí.

¿Qué piensas o sientes cuando considera un yo más grande, o aquello que es más grande que tu?

Capítulo 4

Yendo más alto: etapas 1 y 2

Cuatro etapas

Me gustaría describir cuatro etapas que considero esenciales para cambiar a una perspectiva del mundo en la que pueda verse "a sí mismo" en todos y en todo... donde cambie a una perspectiva más amplia de unidad y no haya sensación de aislamiento o estar solo. Las dos primeras de las cuatro, la etapa de víctima y la etapa de entrega, se analizan a continuación. Los dos siguientes se analizan en el siguiente capítulo.

La etapa de la víctima

A la primera de ellas la denominé etapa de víctima. En esta etapa, todo lo que ocurre en su vida parece venir de afuera y le está sucediendo a usted. Es víctima de sus circunstancias, de otras personas, del entorno... bueno, de todo. Básicamente es un espectador inocente al que le suceden muchas cosas terribles, una tras otra. Estoy exagerando esto un poco, pero exploraré más a fondo en el libro.

La etapa de víctima es una etapa común en la que quedarse atrapado y, de hecho, tiende a ser la etapa en la que la mayor parte de la humanidad parece sentirse atrapada. Es un lugar de impotencia y limitación. Esencialmente, la etapa de víctima implica la creencia de que cuando sucede algo en tu vida que no prefiere, te está sucediendo "a ti". Cree que tiene poco o ningún control o poder; Te suceden cosas en tu vida y eres víctima de lo que sucede. Desde este punto de vista, es difícil dejar ir las cosas y estás atrapado en la perspectiva de que otros te lastimen. No te sientes con el poder de decidir, elegir y determinar lo que te sucede.

Dando escenario

La siguiente etapa es la etapa de dar. En esta etapa, te despiertas o te ves obligado a despertar un poco, para ver que hay otras personas además de ti en el mundo. No eres sólo tú. Más aún, empiezas a sentir y ver que hay otras personas sufriendo, no sólo tú. No quiero decir que te des cuenta momentáneamente. Quiero decir que lo sientes y afecta quién eres en realidad. Te das cuenta de que hay otras personas en el mundo y debes hacer algo, aunque sea algo pequeño, para ayudar.

En esta etapa, hay un cambio hacia ver lo que otros pueden querer o lo que puede ser útil para ellos. Además, estás cambiando tu percepción para ver que al dar a los demás, también te beneficias de alguna manera y que todos estamos interconectados en un sistema más grande. Cuanta más energía positiva pongas en el mundo, más impacto positivo tendrá en todo, ya sea de forma inmediata o a largo plazo.

Si no puedes superar el dolor que hay en ti mismo, puedes quedarte atrapado en él. La etapa de dar es una forma importante de cambiar a otra perspectiva y de superarte a ti mismo. Otra forma de decir esto (por ejemplo) es que cuanto más te concentres en el diente que duele, más se convertirá en una distracción y obstaculizará cosas más importantes en las que podrías concentrarte. Centrarse en algo además de uno mismo cuando se está sufriendo puede resultar difícil al principio, pero luego puede resultar más fácil. Es como un hábito en el que estás atrapado en concentrarte en el dolor o eres adicto a tu historia. Al cambiar el enfoque hacia algo fuera de ti, comienzas a cambiar el dolor. Dar a los demás es, de hecho (en el sentido más amplio), darse a uno mismo. En esta etapa o perspectiva de dar, tomas el dolor que has experimentado y lo conviertes en combustible para algo positivo o bueno.

Al dar y concentrarse en algo además de usted mismo, de hecho, se está ayudando a sí mismo porque todos estamos interconectados como un campo de energía expansivo manifestado en forma física. Lo que emites es lo que eventualmente volverá a ti. Más que esto, todos estamos entrelazados energéticamente y, en última instancia, todos somos parte del mismo campo de energía y fuente. Por lo tanto, en esta etapa, comienzas a comprender que la forma más rápida de ayudarte a curarte del dolor es ayudar a los demás.

Sin embargo, esto puede tomar muchas formas diferentes dependiendo de lo que le esté sucediendo. Por ejemplo, si sufrió violencia sexual cuando era niño y el abuso lo afecta como adulto, puede ser demasiado difícil o desencadenante ayudar a los niños o adultos que sufren debido al abuso sexual infantil. Sin embargo, si usted se cura hasta cierto punto, podría ser útil ayudar a niños o adultos que hayan experimentado algo similar a usted. La curación depende en gran medida de lo que sientes que se conecta mejor contigo y de lo que te atrae. Utilice su intuición para ver qué le atrae y qué le habla a su alma y a su corazón. Cada persona puede recorrer numerosos caminos de curación. Sin embargo, los más poderosos son aquellos que le atraen a usted mismo. Si tu alma se siente conectada con la enseñanza de música, hazlo. Si se siente atraído por dar clases particulares a niños vulnerables y en riesgo, hágalo. Si hay algo que te ilumina y te hace sentir vivo y alegre mientras das, esa es la dirección a seguir. Si no sabes o no puedes descubrir qué es lo que te ilumina, prueba algunas cosas nuevas.

¡Siéntelos! La mejor manera es salir, ver qué funciona para usted y ver con qué se conecta.

Cuando se trata de dar, te sorprenderá lo que te ilumina. Lo más importante es que pruebes algo y no te rindas. Si intentas trabajar en un comedor de beneficencia o con personas sin hogar y no te sientes conectado o repelido, está bien. No te rindas. Algo más puede ser más adecuado para tu curación y puede ayudarte a alejarte del enfoque en ti mismo. Sigue intentándolo. Creo que cada alma sabe exactamente cómo necesita sanar y qué debe hacer para sanar desde la etapa de víctima. La manera de sanar de la etapa de víctima es pasar a la etapa de dar. Ya sea que esté listo o no, simplemente comience. Da pequeños pasos, incluso si es solo ayudar inesperadamente a un amigo o pasar un poco más de tiempo jugando con tu mascota. No importa. Simplemente comienza hoy, ahora, ahora mismo en este instante.

Debido a que estamos tan interconectados, cuando nos concentramos en ayudar a aumentar la felicidad de los demás, indirectamente también estamos aumentando la felicidad de nosotros mismos y ayudándonos a nosotros mismos. Esta no es una fórmula uno a uno en el sentido de que se puede esperar que funcione de inmediato. Es, sin embargo, un paso hacia una vida con menos sufrimiento y una transmutación y comprensión del dolor más rápida y sencilla. También le brinda herramientas para despegarse de un ciclo de dolor que de otra manera parecería interminable. Por lo tanto, empieza a dar ahora. Encuentre pequeñas formas o simplemente cosas nuevas para comenzar, pero comience hoy y haga algo intencionalmente bueno por alguien todos los días. Esta es una gran parte para salir del ciclo de la etapa de víctima. Por cierto, tú también eres una persona y, por lo tanto, darte a ti mismo también tiene un fuerte impacto en la etapa de dar. El punto es simplemente darle algo positivo en lugar de negativo al mundo.

Capítulo 5

Yendo más alto: etapas 3 y 4

La etapa cambiante

La tercera etapa que propongo es la etapa de cambio. En esta etapa, el concepto de uno mismo cambia más. Cuanto más das a los demás en la etapa de dar, menos parece haber un "yo" y un "tú", y más puedes sentir la interconexión entre tú y los demás. Durante la transición entre las etapas de dar y cambiar, es posible que empieces a verte a ti mismo en los demás. Empiezas a sentir menos que hay un "tú" y "otros", y más que los demás son parte de ti y tú eres parte de ellos. Dar a otro se convierte en lo mismo que darse a uno mismo. Durante la transición a la etapa de cambio, su sentido de sí mismo cambia. Empiezas a ver que no eres sólo "tú". ¡Tú eres el maldito todo! Expandes tu visión para ver que eres parte de una corriente de energía más grande y de todo lo que existe. Eres un ser energético y existes en algo mucho más grande de lo que te imaginas.

En esta etapa, tu visión de la realidad está cambiando y estás empezando a ver cómo todo está realmente aquí para ayudarte a evolucionar y crecer hasta tu propósito más elevado y tu nivel más elevado de ser. Comienza a haber un cambio de 1) preguntarse por qué le sucede esto a usted... a 2) determinar cómo transformar una experiencia para que no le haga daño y 3) darse cuenta de que en la realidad sucede algo más que solo su perspectiva individual. Hay fuerzas mayores que organizan y sostienen su vida para un propósito mayor. Estas fuerzas mayores te empujan hacia mayores niveles de desarrollo personal, crecimiento y comprensión de la naturaleza de la realidad a través de cada evento que experimentas.

Se llama etapa de cambio porque su concepto de sí mismo cambia. En la primera etapa, ves que todo te sucede a ti y estás muy centrado en ti mismo. Tu concepto de las cosas fuera de ti es cómo te benefician, son neutrales para ti o te dañan. En esencia, el mundo gira principalmente en torno a ti y a las cosas que te suceden. Esto puede parecer narcisista pero no lo es del todo; se trata más de miedo a sobrevivir y miedo a que uno mismo esté bien. En la segunda etapa, la etapa de dar, te despiertas y ves que el mundo no se trata sólo de ti y de las cosas que te suceden. En la etapa de dar, ves que el mundo también gira en torno de los demás, y que otros sufren como tú. Básicamente, ves que estamos todos juntos en esto. No hay nadie que no tenga que navegar por la condición humana y experimentar dolor por ser humano. En la tercera etapa, la etapa de cambio, vas más allá de verte a ti mismo y a los demás. En el budismo, esto se conoce como entrada a la corriente, donde ves y experimentas que la vida es un flujo, una corriente colectiva de conciencia y energía. En la tercera etapa, ves que hay más que tú o los demás; existe toda la realidad y la vida y es toda una energía la que fluye.

En la etapa de cambio, no existe una separación real entre tú y los demás. Cuando tienes la experiencia de realmente quitarte del camino, te abres a la gran realidad de la inmensidad del ser. Te das cuenta de que, de hecho, todo es energía y eres una manifestación de esta energía. Más allá de esto, lo que usted considera usted mismo tiene más que simplemente la proyección física exterior de usted mismo. Lo que eres, en otra forma posiblemente más importante, es un cuerpo energético. Tus pensamientos, sentimientos y emociones repetitivos (conscientes e inconscientes) crean un ciclo de patrones. Es como un bucle recurrente que se repite y parece formar una personalidad o un yo. De manera similar a un programa de software descargado en una computadora, el yo es de hecho un patrón de comportamientos, perspectivas, pensamientos, sentimientos y creencias. Esto no significa que el yo no sea real. El yo es muy importante para funcionar en el mundo. Sin embargo, hay más para ti que sólo el pequeño yo y una vida vivida sólo conociendo al pequeño yo y la perspectiva del pequeño yo no es una vida plena. Hay mucho más más allá de esto.

Al atravesar la etapa de cambio, aprendes que hay mucho más que tu propia perspectiva. Hay una conexión y unidad con toda la realidad. Cuando te quitas del camino, tus ojos se abren a una increíble cantidad de cosas que nunca viste o experimentaste. Empiezas a ver que eres parte de la expresión de todo lo que existe y podría existir. Con esta visión y percepción, también hay un cambio hacia ver que todo es energía en expresión. Específicamente, está compuesto por la energía del amor y todo es un campo de amor en forma manifestada. Como capas de visión o lentes, en las diferentes capas, comienzas a comprender que, de hecho, todo es amor. En el nivel exterior más obvio, todo parece ser físico y sólido. Sin embargo, hay más capas que ésta.

Cuando estás en la etapa de cambio, estás pasando de 1) ver la vida solo como "yo" a 2) hacer cosas para "otros" a 3) un nivel más profundo de realidad que siempre ha estado ahí pero que estuvo algún tiempo atrás.

Cuán incapaz de ser experimentado antes. Es como romper un caparazón donde ves la realidad como 1) yo, 2) los demás o lo físico, luego 3) algo más allá de todo eso, pero dentro de eso.

La razón por la que muchos maestros espirituales se centran tanto en el momento presente es en gran medida porque es un punto de entrada para superar el apego a "mí" y a "los demás" en la realidad física. Cuando los individuos se centran en el momento presente, los patrones, comportamientos, pensamientos y sentimientos del "yo" se desmantelan mientras se encuentran en ese estado. En el momento presente, los patrones repetitivos dañinos que existen en la realidad física pierden su poder e impulso. En un verdadero estado de momento presente, la identidad del yo se toma unas vacaciones y normalmente no necesita estar funcionando por ningún motivo real. Más que esto, en el momento presente, la experiencia de separación, aislamiento, apego y juicio se ralentiza. Es una apertura para experimentar aquello que está más allá de lo físico y para quitarse del camino. Practicar el momento presente y vivir el momento presente es una manera poderosa de ir más allá de los ciclos y trampas normales en los que a menudo caemos con nuestros pensamientos, sentimientos y emociones. El momento presente rompe patrones. Aporta aviso, atención y conciencia a cualquier situación. A la luz de la conciencia, muchos patrones dañinos y cosas negativas no pueden sobrevivir.

La etapa infinita

Más allá de la experiencia de realizar "yo" y luego "los demás" y luego cambiar de perspectiva, hay más. Sigue habiendo más. Esto incluye experimentar toda la vida como un flujo, una corriente de energía. La experiencia de este flujo puede llegar antes, pero tiene mayor significado desde diferentes perspectivas. Con el tiempo, cambia para que tú te conviertas en el flujo y la apertura mismos. Convertirse en el flujo mismo significa que hay una energía que fluye a través de ti y gana velocidad. Esta es la cuarta etapa o la etapa infinita.

En esta etapa, comprendes niveles más profundos de manifestación, cambios cuánticos y el poder que tienen nuestras palabras, pensamientos, escritura e imaginación. Convertirse en el flujo significa que el tiempo cambia de modo que cada momento se siente como el infinito y el momento presente, y sin embargo las cosas cambian muy rápidamente. La sincronicidad ocurre instantáneamente y casi tan pronto como piensas o necesitas algo, a menudo aparece de alguna manera. La realidad pasa de las cosas que te suceden en la etapa de víctima a convertirte en un determinante más pequeño de la realidad misma dentro del campo más amplio de la realidad. No es exactamente como si la realidad fuera una proyección o una película, como muchos han comentado, particularmente los budistas. Esta es una forma de verlo, pero se trata más bien de que la realidad puede cambiarse de manera diferente que simplemente por la fuerza, como se pensaba en el pasado. Hay mucho más que fuerza. La fuerza será cada vez más ineficaz en el futuro a medida que avancemos en la comprensión de la energía y la importancia de la energía y la intención como un poderoso determinante de la forma que adopta la realidad.

La apertura proviene de estar también abierto a cualquier otra información o conocimiento que esté por llegar. Uno de los problemas de las etapas es que no son necesariamente lineales. Son más complicados y multifacéticos que esto. Es posible que alguien pueda experimentar y tener ideas sobre sí mismo y sobre los demás, y luego pasar a ver y experimentar la realidad como un campo de energía en forma manifestada, así como un campo de amor. Incluso entonces, alguien todavía puede volver a caer en la etapa uno en ciertas cosas y volver a caer en la perspectiva egocéntrica del "yo". Esto está bien. La mejor perspectiva que se puede adoptar al respecto es una perspectiva abierta y sin prejuicios. Sin embargo, el proceso de convertirse en una versión más completa de ti ocurre, siempre es perfecto y está bien. Mantener un sentido de apertura y humildad es importante para permanecer más allá de la etapa del "yo" y los "otros". La humildad es útil porque ayuda a sortear muchos de los problemas del "yo". Sin embargo, esta humildad no es modestia ni crítica de uno mismo; es más bien una humildad abierta.

En la etapa infinita, comienzas a experimentar, comprender, ver y saber que no existe una separación real entre tú y los demás, toda la vida y todo lo que puedes ver y no ver. Esto incluye todo lo que será, ha sido o podría ser. Hay infinitas oportunidades. La realidad de la vida es que es ilimitada y está compuesta de energía ilimitada; eres una manifestación de esa energía. Estás abierto a lo que pueda venir o pueda venir en el futuro y ya no sientes miedo a nada. Si surge el miedo, simplemente lo notas y lo ves como una energía que debes transformar intencionalmente. Sentir miedo u otras emociones no debería causar miedo.

En esta etapa, las realizaciones de la tercera etapa y el flujo de la vida continúan y se expanden hacia afuera. El flujo y la expansión aumentan aún más hasta que ves y te das cuenta de que todo es infinito. Todo es un campo energético de amor tanto en forma manifestada como no manifestada. Hay una profunda quietud dentro de ti y dentro de esta energía. Y de toda quietud surge la forma y el movimiento. Otra forma de entender la cuarta etapa de apertura, infinidad y campo de amor es que la vida es como un lienzo con una pintura sobre él. El lienzo es la forma no manifestada; la pintura es lo que se manifiesta en la forma. Hay muchas posibilidades informes. De hecho, se puede argumentar que existen infinitas posibilidades informes.

Vivir en un estado de "ser" es la mejor manera de acceder a la percepción y la conexión con esta otra dimensión de la vida. Participar en retiros y practicar vivir el momento presente son formas maravillosas de sumergirse en este espacio. Allí podemos conectarnos con la dimensión de nosotros mismos y de la vida que está más allá de la manifestación física de la forma que vemos y las historias que adjuntamos a esa forma.

Es una visión más allá de nuestra visión normal.

Consideraciones importantes para las etapas 3 y 4: anonimato y flujo

Sin nombre

Una parte importante del cambio hacia las perspectivas que abarcan la tercera y cuarta etapas es el anonimato y el flujo. Esto se refiere a una perspectiva distante y pacífica sin etiquetas ni categorizaciones adjuntas. Esto significa vivir de una manera abierta y en conexión y ritmo con algo más grande que uno mismo e incluso que los demás.

Recuerdo haber tenido algunas experiencias cuando era niña, viendo a través del velo de la realidad física proyectada. Cuando tenía siete u ocho años, una de mis actividades favoritas era tumbarme en nuestra hamaca bajo los robles en la casa de mi infancia en California. Simplemente me balanceaba hacia adelante y hacia atrás y miraba las hojas del roble, el cielo y las nubes durante horas. A veces me balanceaba y otras simplemente me quedaba ahí tumbado. En esos momentos sentí que no había separación entre el cielo, las hojas o las nubes y yo. Sentí y vi este asombroso flujo, paz y armonía. Se sentía como si estuviera apoyado en algún tipo de estado de felicidad. Fue la perfección. Me perdí en el cielo, las nubes, la brisa, el olor a naturaleza y árboles. Sentí que el tiempo se detuvo y todo lo que estaba experimentando era todo lo que existía. El "Yo" desapareció y me convertí en aquello en lo que se centraba mi conciencia en ese momento.

Cuando tenía siete años nos mudamos a una casa en una zona más rural y por las noches el cielo se iluminaba de estrellas. No es lo mismo que ir al medio de un desierto y ver las estrellas de noche claro, pero para mí fue bastante espectacular. También me encantaba salir de noche, respirar el aire fresco de la noche mezclado con una cálida brisa durante el verano y mirar al cielo. Me sentí en casa, como si de alguna manera todo el tiempo y el espacio se hubieran detenido y yo fuera completamente uno con todo lo que estaba experimentando y viendo. Parecía no haber separación entre las estrellas y yo, o entre el cielo y yo. Era como una especie de cielo estrellado, una especie de dicha especial. Nunca hablé de estas experiencias. De alguna manera, sentí que los demás no lo entenderían. También fui privado con ellos. No les anuncié a todos que saldría a mirar las estrellas para sentir la unidad, el infinito, el amor, la dicha y la atemporalidad con todo lo que existe. Tampoco tenía palabras para ello. Simplemente lo sentí natural y personal, y algo que me llamó a conectarme con ello. Sabía que me atraía experimentar este anonimato y no hablar de ello con nadie.

Además, de todos modos, no tenemos palabras para describirlo con precisión. Esta experiencia sin nombre y sin palabras me atrajo tanto como fue posible. Viví y experimenté mi propio cielo y unidad privados. A medida que crecí, las apariencias del mundo exterior, la preocupación y el dolor de la familia, los amigos y el estrés de las actividades de la vida comenzaron a aparecer cada vez más y estos momentos se perdieron, pero nunca por completo.

Todavía seguía conectándome con la noche estrellada y la unidad de la naturaleza. También hacía carreras largas en la escuela secundaria. Tomaba pausas aleatorias, supongo que se podrían llamar intuitivas, y simplemente miraba un árbol, o miraba el cielo y las colinas. Sentía unidad, infinita y atemporal estaba perdida en estas cosas. Yo era estas cosas y ellas eran yo. A veces estaba tan absorta en ello que mi mamá se preocupaba porque corría cuando tenía dieciséis años durante dos horas y regresaba cuando ya estaba oscuro. Estaba corriendo, pero para mí era más una práctica espiritual. Me detenía y contemplaba los árboles y la vista de las colinas y la naturaleza a mi alrededor durante treinta minutos o más. Quería experimentar esa unidad y conexión. Realmente no tenía palabras para expresar nada de esto ni compartirlo con nadie. Para ser honesta, esta es la primera vez que lo pongo todo en un papel para que alguien lo lea. Esto fue algo que hice intuitivamente y me atraía a hacerlo con regularidad. Nadie me enseñó. Era un conocimiento y una conexión que mantenía conmigo todos los días, sin importar lo que estuviera pasando en mi vida exterior.

Fue como comida para mí. Lo necesitaba y sentí que me llamaba a conectarme con ello a diario. Esa conexión y fuente están siempre contigo; solo necesitas verla.

Fluir

Seguir adelante con un propósito es la forma más rápida de conectarse profundamente con la corriente, con el fluir y de conectarse con mayores conocimientos sobre uno mismo.

Algo de lo que me he dado cuenta y con lo que he llegado a un acuerdo recientemente es que el hecho de que una persona tenga un destino o sienta que tiene la misión de lograr algo no significa que lo hará. De hecho, puedes o no cumplir tu misión o tu propósito. Tienes que seguir adelante y tomar las medidas adecuadas. Es posible que fuerzas más grandes te apoyen, pero al final, eres tú quien debe cerrar los ojos, dar un paso adelante con valentía y actuar. Debes crear activamente el espacio y el compromiso para cumplir tu propósito a fin de conectarlo y comprenderlo.

Una forma sencilla de empezar es sumergirse en usted mismo o en su alma todos los días. Siéntese en silencio consigo mismo todos los días hasta que sienta que está cayendo en un lugar más profundo de conexión y pueda sentir lo que su "yo" está pidiendo. Escribe, escribe un diario, habla o exprésate como puedas y lo que se te ocurra mientras te prestas atención y actúas desde este lugar del ser. Cuanto más profundamente te sumerges en ti mismo y en la quietud que existe en tu interior, más fácil es ver desaparecer las capas y proyecciones del mundo exterior para que el mundo se convierta en un campo de energía del amor manifestado en la forma.

Si esto es confuso, está totalmente bien. Lo importante es que todo esto es experiencial. Las palabras aquí son sólo indicadores de la experiencia. Esto es algo que debe practicarse, permitirse y experimentarse. Cuando tengas experiencias de flujo, de estar en una corriente de vida y conectado con aquello que es más grande que tú, no te aferres a ello. Como una mariposa, debe estar bien que vaya y venga. No te aferres a nada, ni siquiera a un campo de amor. Esto es parte de la experiencia continua de integrarse más y más profundamente en la experiencia de que todo es un campo de energía. Saber que es un proceso de integración ayuda a permitir los flujos y reflujos y las mareas ascendentes y descendentes de la experiencia. Ninguna experiencia es para siempre, todo es temporal. Lo único que perdura es la existencia de este campo de energía ilimitado que podemos vislumbrar.

Cuanto más profundamente te sumerges en tu interior y te sumerges en la quietud, más profundamente te conectas con los aspectos no manifestados de la realidad. El mundo está compuesto de lo manifestado y lo no manifestado. Lo manifestado, o la proyección exterior de la realidad que parece sólida e inmutable, proviene de la energía no manifestada que llega al mundo. En pocas palabras, todo es energía. La energía que se ha formado en una realidad de apariencia sólida es la energía manifestada, o energía que toma forma. La energía que aún no podemos ver y que no ha tomado forma está "no manifestada". Si esto resulta confuso, está bien. Llegará con el tiempo.

Toma la perspectiva y la creencia de que todo esto no es gran cosa y siempre lo entenderás y te conectarás fácilmente con ello. Si crees que esto es confuso, no puedes entenderlo o nunca lo entenderás, simplemente refuerza la experiencia. Esta creencia negativa te mantiene más alejado de ti y el universo se ajusta a esta creencia. Nuestras creencias conscientes e inconscientes forman en gran medida nuestras realidades y la experiencia continua de nuestras realidades.

Imagina que cada creencia que tienes es un deseo. ¿Qué estás deseando realmente?

Tómalo a la ligera y elige sabiamente tus creencias.

Etapa Infinita: Todo es Energía en Forma Manifestada

Como humanos, somos muy especiales. Cada momento de nuestras vidas se vive mejor estando presente y en el ahora. Estamos extrañando nuestras vidas si no las vivimos plenamente en el presente. Sin embargo, nuestras vidas son mucho más de lo que podemos ver con nuestros ojos, oír con nuestros oídos o sentir con nuestro cuerpo. Por ejemplo, reflexiona sobre una hormiga o un pez. Una hormiga sólo puede ver y oír lo que una hormiga puede ver y oír, y un pez sólo puede entender y ver lo que puede ver. Un perro está más desarrollado que cualquiera de los dos, pero también está limitado en su percepción y comprensión de la realidad. Como la hormiga, el perro o el pez, sólo podemos experimentar lo que podemos experimentar con nuestros sentidos humanos. Sin embargo, a diferencia del perro, el pez o la hormiga, podemos cuestionar nuestra propia realidad y comprender la naturaleza de la realidad y por qué la vida es como es. Podemos tener un nivel de introspección que ninguna otra criatura en la tierra puede tener. Somos especiales, extremadamente especiales.

Por favor, comprendan que no estoy diciendo que seamos especiales, ni que seamos superiores o que debamos abusar o dominar a otras criaturas. En todo caso, ser especiales significa que tenemos una responsabilidad especial hacia la tierra y todo lo que hay en ella. De hecho, muchos animales están más en la corriente y en sintonía con fuerzas universales más grandes que nosotros. Podemos decir que es instinto, pero puede ser más que eso. Observa las formas en que los peces nadan en cardúmenes o los pájaros vuelan en bandadas. Estas cosas suceden de forma natural y fluyen con el ritmo de la naturaleza. Sin embargo, somos especiales porque podemos reflexionar sobre la naturaleza de uno mismo, la naturaleza de la realidad y el significado de los demás en nuestras vidas. Podemos alcanzar las realizaciones más profundas y la comprensión interna de cualquier criatura en la tierra.

Etapa infinita: cambiando hacia arriba

El gran avance que tuve fue que la Tierra no es como nos enseñaron en la escuela. ¿Esperar? ¿Qué diablos está diciendo esta chica? Bueno, te guiaré a través de ello. Primero, ten en cuenta que durante mucho tiempo la gente pensó que la Tierra era plana y que si navegabas lo suficientemente lejos en el agua te caerías. Entonces fue un gran problema cuando la gente decía que la Tierra era redonda. ¡Esto era una blasfemia! Molestó a mucha gente. Mi propia percepción lleva esto algunos pasos más allá. La Tierra es redonda desde la perspectiva de lo que nuestros ojos y cerebros humanos pueden medir y comprender. Sin embargo, hay mucho más que esto. Existe la energía mundial colectiva. Está el río debajo del río, o el arroyo debajo del arroyo. La capa dentro y detrás de ella es pura energía de amor. Ver estas capas de la realidad afecta tu realidad diaria y cómo sientes y ves las cosas. Es como estar bañado en energía de amor todo el tiempo y ver las dos capas de la realidad mezcladas.

Estar en el momento presente es un componente crítico para sumergirte en el campo del amor ilimitado que ya te rodea. Al ser feliz y estar inmerso en el momento presente, estás en el ahora y conectado con todo lo que es. Todo el tiempo existe ahora y está en el momento actual. No existe fuera del momento presente. Todo lo que es, todo lo que está en el futuro y en el pasado y en todo el tiempo, dimensión, espacio y realidad existe ahora y puede conectarse con el ahora. La mejor manera de practicar estar en el momento presente es practicar la atención plena y entrenar tu mente para que sea consciente de todos y cada uno de los momentos que pasa. Esto significa observar cada momento y comprender que la realidad se parece más a una caricatura con imágenes individuales (es decir, momentos) que se hojean que a un tiempo lineal. La realidad se compone de innumerables momentos. Cuanto más conscientes seamos de los momentos, más puede parecer que el tiempo se expande y más profunda puede parecer la experiencia de cada momento.

En "Augurios de inocencia", el poeta William Blake escribe sobre una experiencia similar: *"Ver un mundo en un grano de arena / Y un cielo en una flor silvestre / Sostener el infinito en la palma de tu mano / Y la eternidad en una hora."* Esta es exactamente la experiencia que puede ocurrir al mirar y cambiar la observación de una mesa, por ejemplo. Puedes tomar cualquier objeto, no importa. Puede ayudar si es algo que sea más neutral emocionalmente. Por ejemplo, si te concentras en tu comida favorita, es posible que tengas muchas emociones, pensamientos, sentimientos o apegos a esa comida. Si te concentras en algo que no te gusta o con lo que tienes un problema, eso también puede evocar muchas emociones, pensamientos y sentimientos y, a menudo, resistencia a esas cosas. Al comenzar, recomiendo escribir afirmaciones diarias y escribir en un diario cosas como las siguientes.

"Por supuesto, veo la realidad y todas las capas, lentes y aspectos de la verdadera realidad".

"Por supuesto, siempre veo todo de forma completa y absolutamente clara".

"Me encanta y me emociona mucho la claridad con la que veo todo y las

capas de la realidad que puedo ver de forma tan sorprendente y clara".

"¡No puedo creer lo increíblemente hermosa que es la realidad!"

"¡La realidad es hermosa, increíble y llena de amor y maravillas!"

Prueba diferentes afirmaciones o escribe un diario para descubrir cuál resuena más contigo. Cuanto más experimentes estas afirmaciones y practiques escribirlas con regularidad, más afirmaciones fluirán y llegarán a ti. Primero, expresa la intención de lo que quieres experimentar y ver, y asegúrate de que se conecte y resuene contigo. A continuación, recomiendo elegir algo neutral para comenzar a observar y conectar. Los ejemplos incluyen una mesa, una silla o una chaqueta. Es útil que te sientas neutral con respecto al objeto, lo que significa que no hay muchos sentimientos, imágenes o reacciones al respecto. Puedes simplemente mirarlo y observarlo tal como es. Esto significa que estás mirando la proyección, la imagen que estás viendo de una mesa, una silla, una chaqueta o cualquier cosa que elijas observar. Para ello, puede resultar eficaz una práctica de meditación en la que mantengas los ojos abiertos, pero te quedes quieto sobre un objeto.

Es posible que necesites mirar este objeto durante cinco minutos al día, durante una hora al día o tal vez durante ocho horas seguidas. Una vez hice un retiro de meditación en silencio de treinta días en el que nos dijeron que miráramos, simplemente miráramos, un árbol mientras estábamos sentados en una silla durante tres días seguidos. Tomamos descansos para comer, dormir e ir al baño. De lo contrario, nos sentábamos durante tres días, miramos los árboles y nos concentrábamos en un árbol en particular. Con el paso del tiempo, empezamos a verlo como la imagen proyectada de un árbol. De hecho, ese es el gran avance: todo es una imagen proyectada. A lo largo y dentro de la imagen proyectada hay energía, energía pura y hermosa. Una luz hermosa y pura está entretejida en todo y dentro de todo.

Dentro de esta hermosa y pura energía que comprende y constituye todo lo que existe, existirá y ha existido, hay una hermosa y desbordante energía de amor, amor puro. Éste es el sentimiento y la experiencia del amor puro, ilimitado y asombroso.

Puedes aumentar tu nivel de práctica e integrar aún más los principios fundamentales practicando esta perspectiva de amor en ti mismo, con relaciones románticas, amistades, situaciones laborales y cosas que causan dolor.

Capítulo 6

Abrirse

Etapa Infinita: Vivir en un Estado de Ser Centrado en el Amor

Vivir en un estado de ser centrado en el amor significa que experimentas un estado y un flujo de amor sin importar lo que esté sucediendo en la proyección exterior de la vida. Ya no estás practicando "sobre algo", de hecho, te estás convirtiendo en la existencia y la encarnación del amor. Desde este estado, no necesitas practicar con nada en absoluto, simplemente lo eres. Tú decides serlo. Cultiva un estado continuo de amor y estar en el momento presente como parte de tu experiencia vivida diariamente. Llevar un diario para cultivar este momento presente centrado en el amor puede ser eficaz a pesar de lo que esté sucediendo en tu vida. A continuación, se muestran algunas afirmaciones y mantras eficaces para practicar con regularidad.

Por supuesto, estoy lleno de amor y felicidad.

Por supuesto, me siento completamente en el momento presente en cada momento de cada día.

Por supuesto, estoy totalmente en el ahora en todo momento del día.

Estoy tan feliz que estoy lleno de paz, sentimientos de tranquilidad y satisfacción.

Por supuesto, tengo un éxito increíble en todo lo que hago o intento.

Por supuesto, estoy rodeada de un campo ilimitado de amor en el que me siento bañada todos los días.

Afirmaciones diarias para cultivar este ser centrado en el amor del momento presente

Soy la encarnación del amor.

Veo y experimento un campo de amor en todo y en todas partes.

Siempre recibo pleno apoyo y me siento plenamente apoyado.

Siempre me siento centrado y en paz.

Siempre estoy viviendo en el momento presente.

Siempre estoy en el ahora.

Las meditaciones y las actividades diarias pueden cultivar un enfoque más centrado en el amor. Algunas actividades pueden incluir observar puestas de sol y árboles, observar cuerpos de agua, estar alrededor del océano, estar en la naturaleza y practicar ser y sentir amor al mismo tiempo. La clave es ser. Se trata de "ser" la cosa, no de hacerla. Centrarse en una emoción del ser aumenta la experiencia de estar centrado en el amor.

El ser centrado en el amor incorpora los elementos del estar en el momento presente y la energía del amor juntos. Gran parte de lo que se enseña sobre la atención plena y el estar en el momento presente omite o apenas habla del amor. Sin embargo, cuando realmente existes en el momento presente y vives una experiencia de momento a momento, el amor y la naturaleza abrumadora del amor en el tejido de la realidad se derrama sobre ti. El amor es un componente crítico e interrelacionado del momento presente y del estar en el presente.

Estar en el momento presente naturalmente resalta esta comprensión y expone niveles más profundos de la energía del amor a tu alrededor y en todo lo que ves. Puedes comenzar a ver que la energía del amor es todo lo que hay en la realidad, y te baña, te cubre y te apoya a ti y a todo en todos los sentidos. La energía del amor es la esencia de todo y siempre está ahí cuando tienes ojos para ver. La energía del amor te centra, te da enfoque y claridad, te calma, está siempre contigo y te lleva al momento presente. La energía del amor da una sensación de luz y esperanza del futuro donde las cosas que te hicieron sentir estancado o agobiado ya no importan de la misma manera, si es que importan mucho.

La vida se trata, en muchos sentidos, de perspectiva y de la lente a través de la cual vemos nuestro mundo. La iluminación o las percepciones en el camino de la iluminación, tal como yo lo entiendo, son simplemente cambios continuos de perspectiva y ver la vida desde una lente diferente y más clara. Es posible que la diferencia entre estar atrapado en el ego y el egocentrismo versus cambiar a una perspectiva de iluminación sea simplemente una nueva lente desde la cual ver el mundo. Por ejemplo, en un momento estás concentrado en ti mismo y ves que la vida te sucede a ti. Eres el foco del mundo y todo lo que sucede fuera de ti y está dirigido a ti. Puede ocurrir un cambio de perspectiva cuando tomas el dolor que experimentaste debido a influencias externas y lo conviertes en algo positivo.

Hay una expresión que dice: "Sin barro no hay loto". Esto se utiliza con frecuencia en situaciones de atención plena y meditación para ayudar a los practicantes a comprender que lo que les sucede en sus vidas, y cualquier trauma, dolor o herida, puede transformarse en algo hermoso. Aunque nuestro dolor y dolor pueden parecer casi pegados a nosotros, o atrapados en nuestra energía y cobrando vida propia, este dolor puede hacer que nos quedemos estancados sin querer. Podemos quedar atrapados en centrarnos en nosotros mismos sin querer hacerlo. Nuestro dolor por cosas pasadas que nos sucedieron puede interponerse en el camino y podemos volvernos egocéntricos sin querer. No es intencionado, por supuesto.

Cuanto más dolor sentimos, más se convierte en todo en lo que podemos pensar. Por ejemplo, imagínese si tiene un dolor intenso en el diente. Puede resultar difícil pensar en otras cosas además de esto. Puede llegar a consumirlo todo. Es posible que, sin querer, te quejes con frecuencia del dolor de muelas, de cómo está afectando tu día y de cómo te provoca dolor de cabeza. No puedes comer, hablar mucho, concentrarte o dormir porque es extremadamente incómodo. Su diente puede convertirse en el centro de su atención, lo más importante mientras duele. Lo único en lo que podría pensar es en su diente y en cómo se siente. Esto es similar en cierto modo a lo que puede suceder en la etapa de víctima. En la etapa de víctima, puedes dejarte consumir por el dolor que sientes y por lo que te ha sucedido. Debido a la incomodidad y al inmenso dolor que puedes estar experimentando desde esta perspectiva, puede resultar difícil salir de ella.

Mantra

Que fluyas en la corriente con facilidad, gracia y seguridad, sintiendo todo a tu alrededor, apoyándote, llevándote en todos los momentos de la vida. Sientes que estás sostenido por una nube que te lleva.
Esta corriente es amor.
La esencia del amor

Meditación guiada

Inhala y exhala, liberando todos los miedos, todos los bloqueos.
Elimina todos y cada uno de los bloqueos dentro y a lo largo de tu energía.
Continúe cambiando y limpiando,

Cambiando y limpiando,

Soltar y limpiar todos los bloqueos.
A través de todo el tiempo, dimensión, espacio y realidad.

Imagina que elevas tu energía 100 pies y la expandes 100 pies de ancho.
Siéntete más y más ligero, más y más ligero
Mírate ir más y más alto, más y más ligero

Expande y eleva tu energía más alto, imagina 300 pies más alto, 500 pies más alto, 1000 pies, 2000 pies.

3000 pies

10.000 pies

Imagine que su energía se expande 300 pies, 500 pies, 1000 pies, 2000 pies, 3000 pies y 10 000 pies.

Ahora ve una abundancia de luz fluyendo a través de toda tu energía,

Limpiar todos los bloques en todos los tiempos, dimensiones, espacios y realidades.

Imagina que tu energía se expande para abarcar todo lo que es, será y podría ser en todo el universo, pasado, presente y futuro.

Imagina una hermosa luz del color que más resuene contigo, fluyendo y arrastrando todos los bloques y cualquier cosa pesada.

Expande tu energía cada vez más lejos, cada vez más ligera.

Ahora estás liberado y libre de toda pesadez y peso que te retiene de cualquier manera.

Te sientes más ligero que nunca

Cualquier pesadez ha quedado

Estás flotando en una corriente de amor, sin bloqueos, sin peso.

Tu vida se ha convertido en una corriente,

Una comprensión más clara de la realidad te cubre

Estás inmerso en la energía del amor puro,

Sentirse completamente seguro, protegido y centrado.

Cambio de energía guiado

Inhale profundamente, contenga el aire y luego exhale profundamente.

Inhale profundamente otra vez, manténgalo y luego exhale profundamente

Inhale lenta y profundamente por última vez y luego exhale lentamente.

Cuenta regresiva 5, 4, 3, 2, 1

Estás en un profundo descanso, con una sensación de paz y de dejarse llevar.

En este estado más tranquilo, imagina que hay una hermosa hoguera de llamas increíblemente brillantes.

Esta hoguera quema todo lo que ya no te ayuda y todos los obstáculos que impiden que tu vida mejore.

Sostén un pedazo de papel, con todo lo que te bloquea, te hace infeliz o se interpone en tu camino para convertirte en la versión más completa y verdadera de ti mismo escrito en él.

Pon este trozo de papel en la hoguera. El papel se quema, el humo y las cenizas se llevan, y estás libre de esos bloques. Tu vida es cada día mejor en todos los sentidos.

Al alejarte de la hoguera después de haber ocurrido todos esos cambios, ves que sostienes tres globos blancos. Estos son globos de deseos y permiten que cualquier deseo que tengas se haga realidad. Mira cada globo e imagina cuál es tu deseo. Inhala tu deseo y exhala tu deseo, dejando ir el globo.

Sepa que su vida mejora cada día en todos los sentidos y que siempre se siente más y más ligero, más y más ligero.

Luego imagina que hay una hermosa luz sobre tu cabeza, que pasa por la parte superior de tu cabeza y va de arriba hacia abajo, de abajo hacia arriba, llenando cada átomo, molécula o partícula. Entra en esta luz y flota más allá de la Tierra, la Luna, los planetas y las estrellas, hasta llegar a un área de pura oscu-

ridad y puro potencial blanco. Pasa por una puerta. Al cerrarlo, te encuentras

con otra versión de ti mismo. Esta versión está llena de alegría y paz, y es la

versión de ti mismo que te sientes completamente verdadero, completamente tú.

Es tu tú el que se siente más alineado y en estado de fluidez y felicidad.

Cuente 3, 2, 1 y cambie a esta versión de usted mismo ahora.

Ahora eres esta versión de ti mismo. Siente amor y aceptación plenos e incondi-

cionales de ti mismo, y recuerda que tu vida siempre mejora cada día, en todos

los sentidos.

Abre los ojos, cuenta 1, 2, 3 y regresa lentamente a este momento presente, ex-

perimentando esta nueva versión de quién eres.

Etapa Infinita: ¡Cambia hacia el increíble sentimiento de ti!

Vivir centrado en el amor desde la cuarta etapa también se trata de cómo te sientes y de estar en un estado de aceptación radical, sin importar cuáles sean las circunstancias externas. El amor feroz significa que puedes resistir cualquier cosa porque el terreno que pisas no tiene fundamento. Es una corriente de amor que os rodea y va más allá de la proyección exterior de la realidad. Le permite mantener la calma y centrarse incluso en las tormentas y situaciones más difíciles. Una vida centrada en el amor te ayuda a comprender que todo puede estar aquí para ayudarte cuando ganes perspectiva y también para ayudarte a ganar compasión y empatía por lo que otros puedan estar pasando. Esto permite el perdón, la autocompasión y dejar ir las cosas que te han lastimado.

Dejar ir las cosas y ver cómo podrían haber ayudado o transformado su vida o cómo aún pueden transformarla puede ser una fuente de curación. Es bastante normal que las personas se aferren a cosas y se aferren a su antiguo y pesado yo cuando sienten que han sido heridos. A menudo es difícil dejarlo ir cuando no podemos entender por qué sucedió algo y sus beneficios. Ver desde la perspectiva de que todo sucede para ayudarnos a crecer y que todo nos ayuda, puede cambiar y hacernos ver las cosas en otra perspectiva. Esto no significa cegarnos ante la verdad de las situaciones y circunstancias o mentirnos a nosotros mismos con reformulaciones ridículas que no son más que un encubrimiento de cómo nos sentimos realmente. Dejar ir está destinado a ayudarnos a ver la realidad con mayor claridad y desde una perspectiva más amplia.

Vivimos en un mundo aparentemente dualista, donde vemos ciertas cosas como buenas y malas y lo etiquetamos todo. Nos gusta etiquetar las cosas como buenas, malas o neutrales. Sin embargo, lo que causa dolor ahora puede conducir a algo positivo más adelante, y lo que ahora parece positivo puede conducir a dolor más adelante. Por este motivo, es importante no aferrarse ni estar demasiado apegado a nada. La realidad cambia constantemente y todo está aquí para ayudarnos a alcanzar niveles más profundos de realización. Este trabajo nunca se termina; Siempre hay niveles más profundos por recorrer. Es imposible que algo bueno, malo o neutral no tenga un impacto en nuestras vidas para lograr este objetivo final.

Permite que las cosas de tu vida te transformen en una persona imparable y más ligera. Cualquier cosa, absolutamente cualquier cosa, puede hacer esto. La transformación puede surgir al contemplar una hermosa puesta de sol, abrir el corazón y el alma y conectarse con la unidad y darse cuenta de que todo es uno. Puede provenir de estar en un hospital con alguien a quien amas más que a la vida misma y que ha estado hospitalizado durante tres semanas. Puede surgir de trabajar con sobrevivientes de la trata de personas, pero verse a "uno mismo" en ellos, de otra forma.

Eres capaz de convertir cualquier cosa, absolutamente cualquier cosa, en un nivel más profundo de realización y conocimiento. Cuanto más profundos sean estos niveles de percepción y realización, más fácil se vuelve la vida, pase lo que pase. No significa que dejes de pasar momentos difíciles. De hecho, puede que incluso empieces a tener más, pero esto sólo fortalece, profundiza y aumenta tu nivel de crecimiento. Además, podrás superar los desafíos y comprenderlos mejor. Es casi como la forma que tiene la vida de decir: "¿Crees que aprendiste esto? Intentémoslo desde este ángulo y veamos cómo te sientes, o desde este ángulo. Veamos qué tan bien domina este conocimiento, esta perspectiva y lo que ha aprendido".

Como un ninja consciente, puedes moverte como se mueve la vida, fluir como fluye la vida. Puedes bailar cada día con la vida, con Dios. Siempre puedes sentirte totalmente apoyado por el universo al saber que pase lo que pase, tu perspectiva consciente, tu amor, tu conexión y tu percepción te ayudarán a superar todo.

Aprovecha todo lo que esta vida tiene para ofrecer: todas las realizaciones, ideas y descubrimientos de todo lo que surge de vivir en esta hermosa Tierra. Puedes conectarte y acceder a lo que buscas con amor y conexión ahora. Abraza plena y completamente este mundo, este momento y esta vida, y decide recibir todo lo que tiene para dar. No te decepcionará la extraordinaria conexión, el amor, la expansión y la comprensión que recibirás.

Con tanto, tanto amor siempre y para siempre, ☺

Bibliografía

Blake, Guillermo. "Augurios de inocencia". Fundación de Poesía. Consultado el 14 de febrero de 2023. https://www.poetryfoundation.org/poems/43650/auguries-of-innocence.

Nota del autor:

Me encantaría trabajar más contigo en estas cosas y en obtener niveles más profundos de comprensión en tu vida. Visita www.drsaraspowart.com o www.happinesslearned.com para comunicarte conmigo o trabajar conmigo personalmente. Brindo servicios de asesoramiento y coaching tanto presenciales como remotos. También se me puede ver en mis páginas de Facebook e Instagram "Happiness Learned" y en YouTube. Además de esto, he creado un curso de capacitación en felicidad de seis semanas sobre el cual puedes contactarme en www.drsaraspowart.com. o a través de mi LLC, Happiness Learned.